조선 르네상스

•• 미술이 밝히는 조선의 역사 ••

조선 르네상스
미술이 밝히는 조선의 역사

초판 1쇄 찍음 2013년 10월 5일
초판 1쇄 펴냄 2013년 10월 10일

지은이 하진욱
발행인 김제구
펴낸곳 호메로스
인쇄·제본 한영문화사

출판등록 제22-741호 (2002.11.15)
주소 121-841 서울시 마포구 서교동 446-36 y빌딩 2층
전화 02)332-4037 팩스 02)332-4031
이메일 ries0730@naver.com

ISBN 978-89-90522-83-2 03900

조선 르네상스

미술이 밝히는 조선의 역사

하진욱 지음

호메로스

차례

서문

최근 한류 열풍이 거세다. 일본과 중국을 비롯한 주변국과 정서적으로 가까운 아시아에 그치는 것이 아니라, 유럽과 미국에까지 위풍을 떨치고 있다. 한류는 이제 잠깐 지나가는 바람 그 이상이 되어버렸다. 대중음악, 소위 말하는 K-pop을 시작으로 한국의 문화가 세계로 뻗어 나가는 중인 것이다. 한류가 이처럼 거대한 문화의 흐름을 주도하게 된 것은, 사실 K-pop의 공으로만 돌리기에는 아쉬운 감이 있다. 'K-pop=한류'라는 등식이 성립되면, 서양음악과 현대음악이 새로운 것을 찾다가 잠시 아시아의 작은 나라에 눈길을 주었을 뿐인 것처럼 느껴질 수도 있기 때문이다. 그러므로 그 옛날 우리나라의 역사를 살펴서 이미 한류라고 할 만한 것들이 있었다는 사실을 밝히는 일은 중요하다. 우리의 문화적 저력을 현재의 K-pop 이전에서부터 찾아 하나의 문화적인 족보를 형성하는 것은 어렵지 않다. 따라서 한류를 K-pop으로만 한정짓지 않는 것이 여러 모로 좋다.

세계 문화의 중심으로 진입하는 지금 우리에게 필요한 것은, 우리의 문화적 저력을 보여주고 자신감을 갖는 일이 아닐까. 그저 지나가버릴 대중문화의 유행이 아니라, 역사적 맥락에서 한류의 문화적 자산의 뿌리가 든든한 것을 알게 된다면, 전 세계적으로 유행하는 한류 열풍을 설명할 수 있지 않을까. 서양음악을 따라하다가 만들어진 것이 아니라, 원래 우리 문화가 지닌 매력에 빠질 수밖에 없는 이유가 있노라고 당당할 수 있지 않을까. 세계적인 면모에서 한류의 저력을 발견하는 일은 그래서 의미가 크다.

오랫동안 우리는 단일민족국가로서의 자긍심을 지니고 살아왔으며, 이는 교육 현장에서도 고스란히 반영되어왔다. "단군 이래 반 만 년의 역사를 자랑하는 단일민족국가!" 그럴 듯하고 자존감 높아 보이는 이 슬로건을 뿌리치기는 사실 쉽지 않다. 그러나 최근 다문화가정이 늘어나고, 국내에 체류중인 외국인 수가 증가함에 따라 '단일민족'이라는 말보다는 '다문화'를 말하는 것이 미덕이 되었다. 이는 어쩌면 당연한 일인지도 모른다.

우리나라는 삼면이 바다로 둘러싸여 있고, 대륙과 연결되어 있는 반도국가이다. 물리적으로 해양을 통해 다양한 문화를 접할 수밖에 없었으며, 대륙을 통한 문화의 집결지라는 지리적 여건을 지니고 있었다. 이 땅 위에서 수많은 문물의 교류가 있었으며, 대륙 깊숙히 파고든 고대(발해, 고조선, 고구려)부터 세계 4대 문명의 발생지들과 수없는 문화교류가 있었음은 쉬 짐작할 수 있다. 가야와 신라의 고분에서 그리스 양식의 유리공예품들이 출토된 것은 우연이 아니다. 비단 '실크로드'뿐만 아니라 최근에 알려진 '아이언로드(Iron Road)'는 동북아시아와 시베리아, 그리고 유럽을 관통하는 고대문화의 고속도로였던 셈이다. 다시 말해, 옛적부터 한반도는 해양문화를 통한 활발한 교역과 교류, 그리고 대륙을 관통하는 문화의 소통 통로가 집결되는 세계 문화의 허브였던 셈이다.

한국적인 것이 세계 무대에서 통할 수 있는 것은, 이국적인 우리의 문화가 그들에게 신선하고 독특할 뿐만 아니라, 자신들의 문화와 적절히 잘 어울릴 수 있는 보편적인 가능성이 있기 때문이다. 길고 긴 세월, 세계의 문화는 이미 섞이고 영향을 주고 받았다. 오늘날과 같이 통신과 교통이 발달하지 않았다고 해서 지역을 기반으로 하는 단일문화를 이야기하는 것은 어리석은 일이다. 장구한 시간을 거쳐 형성된 문화에는 훨씬 더 많은 가능성과 이야기들이 담겨 있기 때문이다. 그래서 그 옛날 어디서 봤을지 들었을지도 모르는, 이 결코 낯설지만은 않은 새로운 것을 지금 세계인들이 '한류'라는 이름으로 만나고 있는 것이다. 그들은 오랜 역사를 통해 다듬어지고 정제된 우리의 문화 속에서 그들 자신의 문화코드를 읽어내고 있는지도 모른다. 낯설지만 보편적인! 이 얼마나 매력적인 말인가. 한류가 지닌 저력은 여기에 있지 않을까.

　　일제강점기를 거치면서 강제적으로 낮추어진 우리 민족의 자존감은 자연스레 외세에 의존하는 자세를 갖추어, 그동안 우리 민족이 만들어 놓은 세계적인 문화코드를 그만 놓아버리게 만들었다. 야만적인 서양의 문화를 신식으로 믿고 그대로 따르기도 했으며, 전통을 새로움으로 덮어버리기도 했다. 국토의 전체가 바다로 둘러싸여 다양한 문화를 받아들일 수 있는 가능성이 큰 일본은, 오히려 그러한 지리적 환경으로 인해 그 한계 또한 분명하다. 그들이 한반도를 통해서 새롭게 재생산되고 재해석된 대륙의 문화를 접할 수밖에 없었던 것 역시 역사를 통해 확인할 수 있는 사실이다. 그래서 그들은 한반도를 갖기 위해 그토록 집요하게 굴었던 것이다.

서양의 역사에서 1천여 년의 중세를 마무리하고 등장한 르네상스는 가히 문화의 폭발 현상과 같았다. 14세기부터 16세기까지 이어지는 서양의 르네상스는, 고대 그리스의 문화에 대한 동경에서 출발했다. 고대 그리스의 그 무엇이 1천여 년이나 지난 유럽에서 동경의 대상이 되었을까. 그 열풍은 어떻게 이탈리아를 넘어 독일과 네덜란드를 지나 북유럽 전체로 번져 나갔을까. 바로크, 인상주의를 지나 현대의 추상표현주의라는 예술사조는, 그 열풍이 어디서 불어와 어디로 향하는지 정확하게 제시하고 있다. 그리스와 이탈리아가 문화의 중심이던 시절(고전기와 르네상스)에서 프랑스와 영국이 문화 강대국이 되었으며(근대), 현대로 넘어오면서 대서양을 지나 미국에까지 불어닥쳤다. 이 바람은 비록 정치적이거나 강제적이기는 했지만 일본과 한반도에까지 이르렀으며, 미제를 선호하던 한반도 사람들은 일제의 손에서 자유로워진 지 얼마 되지 않아 '한류'라는 역풍을 만들어낸 것이다. 이러한 역풍이 가능한 것은, 오랜 세월 우리의 DNA 속에 내재되어 있던 나름의 문화적인 코드가 있었기 때문이다.

문화의 풍향계가 지시하는 방향은 일관성을 유지하고 있다. 문화의 중심 이동의 바람이 역사적, 지리적 순서에 따라 한반도를 포함하고 있는 동북아시아를 가리키고 있는 것이다. 고대의 4대 문명 발생지에서부터 출발해서 미국까지 이르는 데는 굉장히 많은 시간이 걸렸지만, 자세히 보면 기울어진 지구본을 따라 적도 부근에서부터 완만히 북서진하는 문명의 이동 경로가 보인다. 이는 어찌 보면 역사라는 시간의 흐름에 공간적인 위치가 이동해 가는 모습이기도 하다. 유럽에서 미국을 지나 한반도를 중심으로 하는 동북아를 지나면, 다시 고대의 4대 문명 발생지가 나오는 지리적 발견을 그저 우연이라고 단언할 수 있을까.

고대 그리스의 문화는 알렉산더의 세계 정복을 통해 유럽 전역과 아시아에까지 전해졌으며, 그때 심긴 문화의 씨앗은 중세 기독교시대를 지나며 천천히 싹을 틔워 르네상스라는 꽃을 피워냈다. 이 르네상스는 십자군원정과 기독교시대가 만들어 놓은 길을 따라 유럽 전역으로 확장되었으며, 유럽이 동서로 나뉘어 이념전쟁을 치르는 동안 미국으로 전해졌다. 이후 미국에서 재생산된 새로운 문화코드가 일본의 패전과 냉전체제를 틈타 한반도로 유입되는 것은 아주 쉬웠다. 미국과 구 소련이, 그리고 중국과 일본이 한반도를 손에 넣기 위해 애쓴 것은 어쩌면 당연한 결과일 수 있으나, 그 덕에 한반도에는 최근에까지 다양한 문화가 공존할 수 있는 가능성들이 차곡차곡 쌓인 것이다. 그런데 이런 일은 비단 근대에만 일어난 일이 아니다.

고조선과 고구려 시대를 통해 우리는 이미 만주 벌판을 지나 중앙아시아와 만났었고, 중앙아시아와 연결된, 그러니까 알렉산더가 옮겨 놓은 유럽의 문화를 '간다라' 문화를 통해 접했었다. 간다라 문화는 유럽과 중앙아시아 문화의 결합체이지 않은가. 이는 삼국시대의 불상을 통해 확인할 수 있다. 특히 그리스의 조각상에서 발견되는 '아르카익' 스마일이 인도와 이슬람 조각상에서의 미소로, 그리고 삼국시대의 불상이 짓는 미소로 옮겨온 흔적은, 우리 문화가 이미 세계를 향하고 있음을 확인시켜주는 것이다. 뿐만 아니다. 그 이후 한반도를 가장 많이 침탈한 몽고의 경우는 어떠한가. 그들은 알렉산더 못지않은 세계 정복을 통해 유럽과 아시아의 문화를 뒤섞어놓지 않았는가.

그런 고려시대를 지나 조선시대로 접어들었으니, 이 조선의 문화는 지금의 한류 이상으로 세계성을 내포하고 있을 수밖에 없었을 것이다. 재미있게도 서양의 르네상스시대와 조선시대는 연대상 일치한다. 오히려 서양의 르네상스가 조선 왕조 500년의 장구한 세월보다 먼저 문을 닫았다. 뿐만 아니라 그 시기 유럽이 겪었던 과학기술의 발전과 산업화, 이념의 갈등, 그리고 전쟁을 조선도 똑같이 경험했다. 이 시기를 나는 조선의 '르네상스' 시대라고 명명하고자 한다.

조선의 '르네상스'를 발견하고 인지하는 것은 지금 세계에 부는 한류 열풍의 근본을 밝히는 일이며, 한류 열풍을 통해 세계 문화의 중심지를 이곳 한반도로 옮겨 놓음으로써 그 옛날 우리 선조들이 지녔던 문화적 우월감과 자신감을 회복하는 일이다. 이는 또한 가깝게는 일본에 조선통신사를 보냈던 시절부터 멀게는 '실크로드'와 '아이언로드'를 누볐던 시절의 민족적 자존감과 기상을 회복하여, '단일민족국가'가 아닌 세계인 '한반도 사람'을 역사에 되새기는 일인 것이다.

글로벌리언!
`한반도 사람`

세계 4대 문명 발생지는 메소포타미아, 이집트, 인더스, 황하 지역으로 알려져 있다. 그런데 이 4대 문명 발생지를 지도 상에서 확인하면 재미있는 상상을 할 수 있다. 상상의 시작은 이 지역들이 중앙아시아를 중심으로 생각보다는 가까이 위치하고 있다는 점이다. 이 사실은 고대의 문명 또는 문화가 해당 지역을 중심으로 발원하였다는 점과 함께, 고대인들이 이동·교역·전쟁 등으로 인접 지역으로 퍼져 나갔을 것이라는 가능성을 보여준다. 이는 문화의 이동, 전파, 변이가 오늘날의 유행처럼 돌고 돌았음을 짐작케 한다.

유행이 돌고 돌듯이 문화는 역사(시간)의 흐름에 일직선으로 변화하는 것이 아니라, 일정한 사이클을 형성해왔다. 또한 지구적인 공간을 놓고 보면, 둥근 지구의 지형을 따라 공간적으로도 돌고 도는 유행을 발견할 수 있다. 앞서 말한 세계 4대 문명 발생지의 맨 처음에 메소포타미아를 놓고, 약간 기울어진 지구본을 따라 완만히 북서진하면, 이집트, 그리스 문명을 만나게 된다. 모든 고고학자들이 입을 모으는 것처럼 메소포타미아를 세계 문명의 첫 발원지라는 말에 동의한다면, 인류의 문화는 메소포타미아에서 이집트, 그리스로 옮겨간 것이 시기적으로나 공간적으로나 맞는 말이다.

그렇다면 메소포타미아 좌측편 말고 우측편의 인더스, 황하 문명과 한반도는 어떤가? 메소포타미아에서 발원한 문화의 이동 경로 중 중국 대륙과 한반도를 향하는 이동 경로도 당연히 존재한다. 이것이 최근에 밝혀진 철기문명의 전파 경로인 '아이언로드(Iron Road)'이다. 티베트 고원과 만주 벌판을 연결하는 이 연결고리는, 재미있게도 한반도를 중앙아시아 너머에 있는 유럽의 문화권으로 이어준다. 뿐만 아니다. 시베리아를 관통하면 유럽이 나오고, 그 길로 북극 연안을 따라가면 아메리카 대륙까지 연결된다. 에스키모인들, 그리고 아메리카 인디언들의 생김새가 우리와 비슷한 것은 우연이겠는가. 성경의 창세기에 나오는 홍수 사건 이후 노아의 아들들인 셈, 함, 야벳에 관한 이야기가 떠오르는 것은, 이 책이 이끌어가는 재미난 스토리텔링이다. 혹자는 한반도에 거주하는 우리 민족을 셈족의 후예라고도 한다.

역사가 흐르고 현대의 과학기술이 발전하면 할수록 고대의 문명이 미스터리로 남는 것은, 고대의 문화가 현재의 문화보다 미숙하다는 선입견 때문이다. 그러나 고대의 문화와 그들의 이동 가능성을 어느 정도 인정해주면 이야기는 달라진다. 우리의 언어가 왜 표음문자인지, 왜 태음력을 쓰는지, 왜 고조선의 시조는 환웅(하느님의 아들, 이 신화는 성경의 창세기와 무척이나 흡사한 구조를 갖고 있다.)인지 알게 되고, 고구려 벽화에 등장하는 우락부락한 사람들의 생김과 우리의 산천에는 없는 나무들과 이국적인 복색, 또 이집트 피라미드와 수메르의 지구라트, 마야의 피라미드와 닮은 고구려의 왕릉들, 신라 금관의 기이한 형태와 곡옥들, 가야 수로왕의 왕후가 인도에서 왔다는 이야기들이 실타래 풀리듯 풀린다.

연방국가였던 발해와 고조선의 지리적 위치를 옛 만주 벌판 너머의 광활한 범위까지 이야기하면서도, '단일민족국가'라는 잘못된 민족사관의식은 한반도에 국한된 토착 세력만을 우리 민족이라고 제한하는 오해를 남겼다. 세계화가 중요한 화두가 된 이 시기에, 핏줄이 아닌 문화적 코드로 연결되어 있는 족보를 찾아 세계 문화를 주도할 문화적 DNA가 지금의 대한민국 사람들에게 심겨 있다는 자긍심을 찾는 것은 어쩌면 단일민족국가의 시조를 찾는 것보다 중요한 일이리라.

한반도의 지형은 대륙과 연결되어 있지만 3면이 바다로 둘러싸여 있어 마치 물방울 모양처럼 보인다. 끊임없이 문화를 실어 나르는 나루터 역할을 함과 동시에 문화를 보전시키기에도 유리한 모양이다. 세계의 문화가 뒤섞이며 흩어지는 중국의 큰 대륙과 달리, 한반도는 모여 섞이며 발전할 수 있었다. 이는 마치 지중해를 중심으로 모여 있는 유럽의 국가들과 비슷하다.

그러나 유럽의 국가들은 그 자신의 정체성을 형성하기엔 중앙아시아와 너무 가깝고, 바다가 항상 열려 있었다. 새로운 것을 받아들이고 내보내기에 바빴던 것이다. 그리하여 그리스문화가 로마에 쉬 몰락당하고, 중세의 막강한 기독교 세력에 정체성을 내어주었으며, 르네상스 이후에는 그들이 야만인이라고 불렀던 알프스 이북의 북유럽에 그 문화의 주도권을 다 내줄 수밖에 없었던 것이다. 반면, 수많은 외세의 침략과 문화의 유입에도 불구하고 한반도가 단일문화권을 형성할 수 있었던 것은, 바로 이러한 지형적인 특성이 한몫을 했다고 하겠다.

전설이 된
한국美

    고미술의 역사를 살펴보면, 한반도의 인류에 대한 기록을 단군 이래 대략 5천여 년 정도로 기록하고 있다. 이는 한반도 역사에서 구석기와 신석기 시대의 흔적을 발견하지 못했기 때문이다. 한국의 미술사에서 고대는 신석기 말, 혹은 청동기 초기부터 시작된다. 이것은 우리 민족이 오래전 한반도 외의 지역에서 옮겨 온 민족이었음을 짐작하게 한다.

    이와 같은 사실은, 결국 한반도의 최초 인류는 원래 한반도에 거주한 것이 아닌 이민족이었을 가능성을 뒷받침해주는 첫 번째 근거가 된다. 오랫동안 단일민족국가라는 혈통주의를 자랑거리로 여겨왔던 우리네 정서상, 보다 복잡한 가계가 얽혀 있는 다민족 혹은 다문화 민족이었을 것이라는 가능성은 꽤나 혼란스러울 것이다. 하지만 이는 결코 정서적인 충격으로만 치부할 수는 없는 문제이다. 오히려 그 가능성을 열어둠으로써 혈연관계에서 기인하는 전통적인 가치관보다 현대적이며, 보다 진전된 정체성을 갖게 될 수도 있는 것이다.

세계의 역사에서 가장 오래된 문명은, 성경의 바벨탑이 있던 곳으로 추정되는 옛 메소포타미아의 수메르 문명이다. 이 수메르 문명과 우리 한반도의 조상이 지닌 문명이 유사하다면 어떨까. 수메르는 태음력을 사용하며, 우리말과 같은 교착어를 사용하는 유일한 문명이다.

한국의 일곱 신 '天', '月', '水', '火', '木', '金', '土'는 북두칠성을 상징하는 것인데, 수메르에도 비슷하게 일곱 신이 있었다. '안-하늘의 신', '엔릴-바람의 신', '엔키-물의 신', '인안나-금성의 신', '난나-달의 신', '우투-태양의 신', '닌후르쌍-언덕의 신'이 그것이다. 이 일곱 신이 북두칠성을 나타낸다는 생각 또한 유사하다.

고대 메소포타미아 지역에서 수메르의 역사를 살펴보면, BC 4500~4000년 사이에 先 수메르 문명을 가진(수메르어를 사용하지 않는) 종족이 살았으며, 그 뒤 수메르어를 사용하는 수메르인들은 아나톨리아 주변으로부터 약 BC 3300년경에 들어온 것으로 추측된다. BC 3000~2000년경 그곳은 키시, 에레크, 우르, 시파르, 이샤, 라라크, 니푸르, 아다브, 움바, 라가시, 바스티비라, 라

르사 등 적어도 12개의 독립된 도시국가를 이룬다. 그러다가 BC 2300년경 사르곤 왕이 이끄는 아카드인에게 정복되었고(그 안에서 도시국가들을 통일하여 큰 세력을 형성하였고, 이들은 샘족이며 수메르의 설형문자를 쓰지 않았다. 수메르 문명이 변질되었다고 보면 된다.) 그 후 약 100년 뒤 다시 여러 도시국가로 나뉘었다. 여기서 주목할 만한 점은, 수메르 문명 역시 어디선가 이주해온 민족이었고, 이들은 메소포타미아로 들어서자마자 우수한 문명, 즉 철기문명을 꽃 피웠다는 사실이다. 이들은 누구인가.

최근 밝혀진 바에 따르면, 수메르에 고조선의 사신이 왕래했다는 옛 기록이 발견되었다고 한다. 이른바 '아이언로드(Iron Road)'의 초기 개척자로서 한민족이 대두되고 있는 것도 사실이다. 위와 같은 가능성을 염두에 두고 한국의 옛 미술사를 다시 살펴보면 재미난 사실이 눈에 들어온다. 우선, 한반도 최초의 그림이라고 할 수 있는 〈울산 반구대 암각화〉를 살펴보자. 여기에서 샤먼의 얼굴을 발견할 수 있는데, 이 얼굴의 생김은 도무지 우리네 얼굴의 전형과 닮아 있지 않다. 뿐만 아니라, 고령 지역의 암각화에서는 용의 형상(아마도 공룡)과 여러 가지 기하학적 무늬, 기갑병사의 모습을 발견할 수 있다. 여기에서 주목하고자 하는 것은, 한반도의 초기 문명은 이미 고도로 발달한 문명이었으며, 타 문명권 혹은 타 지역에서 유입된 문명이었다는 점이다. 고래를 사냥

울산 반구대 암각화

샤먼의 얼굴

고래잡이와 가축

물고기

사슴

새꼴

세겹둥근무늬

세로굽은무늬

화살무늬

횡연속마름모꼴무늬

옹무늬

새무늬

기마행렬도

암각화의 여러 가지 모양

하고, 기마생활을 하며, 육지와 해양의 동물들을 사냥하고, 식물을 기르고, 가축을 길들이는 고도의 철기문명을 지녔다는 점이다.

한반도의 선사시대 미술은 세계 문명의 초기 단계(구석기) 미술적 양식과는 좀 다르게 진행된다. 대체로 구석기시대의 미술 양식은 사물의 모습을 있는 그대로 표현하는 사실적 표현 양식이 지배적이다. 그런데 한반도의 미술은 처음부터 추상적 양식을 따르고 있다. 이는 사물을 그대로 베껴 옮기는 것에 대한 필요에서 이미 벗어나 있음을 의미하며, 더 나아가 눈에 보이는 사물 이면의 세계, 즉 영적인 세계를 주지하고 있음을 의미한다. 그들은 눈에 보이지는 않지만 분명히 존재하는 바람의 힘, 태양의 열기, 심지어 자연의 여러 정령들(에너지)과 그 상호작용을 이해하고 있는 것이다.

이는 타 문명권에서 발견되는 주술의식과 그 방향을 같이한다고 할 수 있으나, 울산 반구대 암각화를 대면할 때의 인상은 그들의 삶에 대한 기록으로 다가온다. 암각화에 새겨진 동물들과 사람, 그리고 자연을 닮아 있지만 추상화된 여러 가지 기하학적인 무늬들은, 숭배의 대상이기보다는 이러한 사실에 대한 정확한 이해와 묘사로 다가온다. 한반도에 등장한 첫 사람들은 양식적으로나 의식적으로나 타 지역의 문명에서 발견되는 이들과 다른 차원의 문화를 형성하고 있는 것이다. 그래서 이 문명을 구석기시대라고 해야 할지 신석기시대라고 해야 할지, 아니면 청동기라고 해야 할지 여전히 애매한 의문을 남기고 있다. 연대적으로는 분명 석기시대이지만, 그 표현 양식은 청동기시대의 양식이므로 한반도 이주설이 보다 설득력 있는 주장이 되는 것이다. 결국 이 같은 사실이 '한반도의 문명이 타 문명에 비해 늦었다'가 아니라 '처음부터 발전했다'고 보아야 하는 근거이다.

또 한 가지 짚고 넘어갈 부분은, 이 시기의 한반도 문화는 중국과는 전혀 다른 독자적인 문화를 형성하였다는 점이다. 따라서 같은 시기임에도 중국의 문화(미술)와 한반도(한민족)의 미술이 양식적으로 큰 차이를 보이고 있기 때문에 중국의 '동북공정(東北工程)'은 처음부터 억지주장인 셈이다.

울산의 반구대 암각화에는 여러 가지 기하학적 무늬와 함께 그물에 걸린 고래, 작살에 꽂힌 고래, 우리 안의 동물 등 여러 가지 그림이 새겨져 있다. 여러 가지 무늬들은 태양, 비, 물, 대지 등을 상징하는 것으로 짐작된다. 태음력을 사용하는 데 느닷없이 태양이 등장한 것은 농경문화의 발달과 관련된 듯하지만, 이는 우리 민족이 지닌 포용력 내지는 수용성으로 해석될 수도 있다. 필요와 기능에 따라 이질적인 것을 동시에 수용할 수 있는 능력은, 문화의 수용과 발달에 매우 중요한 역할을 한다.

이러한 무늬들은 사물에 깃든 내적인 힘, 영혼, 기운, 동세(動

勢) 등을 의미하므로 '영기(靈氣)무늬[1]'라는 표현이 적당하다. 이러한 영기무늬는 고구려를 지나며 우리 민족 고유의 무늬로 널리 사용되는 민족 고유 정체성이 된다. 이 무늬는 지금까지도 한국적인 무늬를 떠올리면 생각나는 바로 그 형상이다.

한편, 구체적인 사물의 형태를 사실적으로 묘사하거나 추상화시켜 상징적으로 표현하는 것이 동시에 발견되는 것은 이집트인 문화에서도 발견된다. 우리의 언어가 교착어이면서 동시에 표음문자인 점을 이해할 수 있는 부분이다. 잘 알고 있다시피 한글은 상형문자가 아니다. 그러나 한글은 한편으로는 상형문자가 맞다. 눈에 보이는 것은 아니지만 '소리의 모양'을 따라 도안한 상형문자인 것이다. 눈에 보이지 않지만 그 존재와 이치, 기운을 형상화한 이러한 미의식은 매우 독자적인 우리 문화의 정체성을 형성해냈다.

신령한 문양, 즉 '영기무늬'는 동서고금을 막론하고 신의 권능과 연결된 최고 권력자들만이 사용할 수 있는 특권이었으며, 영의 세계를 갈구하는 현생 인류의 소망과 같은 것이다. 이것을 사용하는 나라는 영의 세계를 알고 있는 나라이며, 시조가 하늘에서 내려온 신령한 나라이며, 선택받은 민족이 되는 셈이다. 흰 옷을 입

---

1. 이 용어는 강우방 선생의 말을 빌려 사용하였으며, 필자는 전적으로 선생이 밝힌 의미에 동의한다.

고 하늘에 제사를 지내며, 아주 오랜 옛 기억을 떠올리며 정신 혹은 형이상학의 세계를 현실 속에 반영하고, 그 정신세계의 힘과 존재를 현실세계에서 믿고 받아들이는 나라인 것이다. 이러한 문양은 고구려 이후 역사를 거쳐 그 모습이 점차 사라지는 듯하나, 신라의 왕관으로, 통일신라의 불상 옷자락으로, 고려와 조선의 건축으로 그 명맥이 이어진다.

그러다 조선시대로 접어들면서 이른바 '진경[2]시대'로 탈바꿈한다. '진경시대'의 미술에서 눈에 보이지 않는 영의 세계를 나타낼 리는 없다. 눈에 보이는 대상을 마주 대하고 그려내는 것이 진경의 기본이기 때문이다. 또한 조선은 그 시작부터 '백성이 주인인 나라'를 표방한다. 이 국가적인 화두는 성리학이라는 인문적 사상이 배경이 되었다. 다시 말해, 조선은 성리학의 나라이므로 '신의 선택을 받은 민족'이라는 특권의식을 과감히 버릴 수 있었던 것이다.

---

2. 眞景. 눈에 보이는 실물을 실제로 맞닥뜨려 그려내는 양식.

조선 르네상스의
서막

현재를 살고 있으나 신과 연결지어주는 역할을 했을 이 신령한 문양은, 조선시대로 접어들면서 사라졌다. '사물의 보편적이고 고유한 이치(理)가 개별 사물의 특수한 기(氣)로 나타난다'는 성리학은, 서양의 플라톤이나 아리스토텔레스 못지않은 학문이다. 이원론이냐 일원론이냐 하는 서양의 오랜 논쟁의 역사처럼 조선의 성리학과 주리론(主理論)에도 동일한 논쟁이 전개되었다. 그러한 논쟁의 역사를 거듭하면서 조선의 학자들은 이를 매우 잘 정리해 두었다. 주관과 객관을 절묘하게 결합하고, 조화라는 목표에 따라 존재론적 논쟁을 인식론으로 전환시킴과 동시에 실생활로 적용하는 '실학'으로 풀어낸 것이다.

학문의 방법론에 심취하여 논쟁을 즐기고 논리를 찾는 일을 평생 업으로 삼았던 조선의 학자들은, 한편으로는 '실사구시(實事

求是)'를 내세워 학문이 삶의 영역에 도움을 주도록 했다. 학문을 단순한 '학'의 영역에만 국한시키지 않은 조선의 선비들이 지닌 이 정신은, 비단 삶의 영역뿐만 아니라 미술에도 그대로 적용되어, '형사(形似)와 신사(神似)가 있어야 좋은 그림'이라는 하나의 방향성을 제시해 주었다.

'형사'는 사물의 외형을 그대로 닮게 그려야 한다는 뜻이며(寫實, 客觀, 氣), '신사'는 외형을 취하면서도 그 내면의 참된 모습을 그려내야 한다는 뜻이다(事實, 主觀, 理). 그리하여 수많은 조선의 화원들이 산수·인물·화초를 진경으로 그려냈으나, 소위 말하는 기운생동(氣韻生動)이 느껴지는 것은 바로 이러한 원칙을 찾아 실천하는 성리학의 이념과 잇닿아 있기 때문이다. 비록 신령한 문양을 그려 넣지는 않았으나, 그 속에 기운생동으로 대변되는 힘이 넘쳐나는 것이다.

조선의 그림 중 추사 김정희의 〈세한도〉에는 유배생활의 외로움과 그리움 등이 고스란히 담겨 전해진다. 초가집과 소나무 세 그루를 그렸을 뿐인데 말이다. 이 그림은 제자인 이상적이 중국에 사신으로 파견 가 있는 동안 제주도에 유배중인 스승에게 책을 구해주는 등 정성을 보이자 그 보답으로 그려준 것이다. 〈세한도〉가 제주를 떠나 중국에 도달하자 제자는 감격에 겨워 다른 제자들, 그리고 중국의 학자들과 함께 찬문을 덧붙여 스승에게 다시

세한도(歲寒圖)

보낸다. 그리고 다시 추사에게서 이상적에게 돌아온, '사연이 있는' 그림이다. 여기에서 우리는 조선의 영기를 발견할 수 있다. 그 것은 그림이라는 이미지에 마음을 담아내는 조선 선비의 세련됨과 정제됨이다.

　어떤 이는 한국미를 소박함에 비유한다. 또 어떤 이는 단순함, 유머러스 등을 이야기한다. 그러나 오랜 역사를 자랑하는 족보 있는 우리의 그림을 어찌 한마디로 표현할 수 있으랴. 서양의 100호, 200호나 되는 그림에 비하면 우리의 그림들은 기껏 A4 사이즈밖에 되지 않으나, 그 속에 세상의 이치와 만물을 고스란히 담은 정제된 기교가 있다.

김정희, 국보180호, 종이에 수묵, 23.7x61.2cm, 개인 소장

우리 민족이 지닌 문명의 우수성은 이미 반 만 년 역사를 뛰어넘었다. 최근에 제기되고 있는 학설에 따르면, 신라의 첨성대가 단순 천문 관측 시설이 아니라고 한다. 신라 왕실의 문화와 페르시아 문화(수메르)의 놀라운 유사성, 메소포타미아 문명의 지구라트와 강화도 마니산에 있는 참성단(塹星壇)의 기능과 구조적 일치는, 세계를 담고 있는 한반도 문화를 보여주는 예이다.

하늘에 제사를 지내는 동쪽의 해 뜨는 나라, 찬란한 문명을 다지고 다져 그 명맥을 이어온 조용하고 강한 나라에서 이제 우리는 그 역사의 결정체를 찾아 세계의 중심에서 누리고 즐기는 최고 선민의 예술적 삶을 실현시켜야 할 것이다. 최근 대중문화에 회자되고 있는 한류 열풍에도 나름의 이유가 있는 것이다. 우리 민족에 대한 자긍심은, 단일민족에 있는 것이 아니라 최고의 문명을 지닌 한 무리의 후손이라는 점에 있다. 바로 이것이 세계를 향한 자신 감으로 세계를 대할 수 있는 힘을 주는 것이다.

그리스 : 고조선
≒ 이탈리아 르네상스 : 조선 르네상스

'재생', '부활', '부흥'이라는 의미를 가진 프랑스어 르네
상스(renaissance)는, 그 운동의 시작이 이탈리아 피렌체라는 것
을 감안하면, 이탈리아어 'rina scenza', 'rinascimento'에서 그
어원을 찾을 수 있다. 르네상스는 고대의 그리스 · 로마 문화를 다
시 부흥시킴으로써 새 문화를 창출해내려는 운동으로, 중세의 암
흑기를 걷어내고 새로운 시대를 이끌어가고자 하는 학문적 · 문화
적 운동이었다.

그러나 이탈리아 르네상스의 기본적인 사상이 '인간 중심'의
'문예부흥'이었음에도 불구하고, 여전히 그들의 세계관은 기독교
의 틀 안에 있었다. 따라서 진정한 의미의 '인간 중심'은 아니었으
며, 이러한 사실은 르네상스 미술 대부분의 주제가 성경의 내용이
고, 대부분의 미술품이 성당 벽과 성당 주변에 놓여 있다는 점으

로 확인할 수 있다. 국가와 교회가 추구하고 원하는 미술품 제작은 개인의 취향과는 거리가 멀었을 것이다.

서양의 경우 뒤러 이후 개인의 서명이 등장하는 것과 달리, 우리의 옛 그림엔 처음부터 화제와 더불어 개인의 낙관이 찍혀 있었다. 특히, 황해도 배천군 원산리 가마터에서 발견된 도자기에 순화 3년(992년), 순화 4년(993년)이라는 연도와 함께 생산한 사람의 이름이 적혀 있는 점은 주목할 만한 일이다. 참고로 서양에서 최초의 서명을 남긴 화가 뒤러는 1500년대의 화가이다.

서양의 경우, 19세기 이후에나 개인의 취미가 문화예술에 반영되기 시작하므로, 르네상스 시대를 두고 진정한 의미의 '인간 중심'을 논하기에는 이르다. 게다가 그리스 고전기로의 복귀를 염원하는 그들이 '인간 중심'을 외치기엔 그리스는 지독한 '신화'의 나라가 아니었던가. 따라서 그저 양식적으로 그리스 고전기의 비례·조화·균제미를 갖춘, 이상적인 아름다움을 추구하고자 한 것이 르네상스의 속내라고 할 수 있다.

이탈리아 르네상스를 이끌었던 것은 국가, 교회, 그리고 재력이었는데, 당시 서양의 계급사회는 우리 선조들의 계급체계와 차원이 다르다. 우리나라의 계급사회는 권력이나 재력과 상관없이 존재했다. 재물과 거리를 둔 최고권력자들의 삶, 그것이 미덕이었다. 우리가 잘 알고 있는 선비문화의 자긍심은 바로 이러한 데서

'순화4년'명 항아리

이화여대박물관

연유된 것임을 상기해야 할 것이다. 그러나 서양의 경우, 부와 명
성은 그들의 계급 자체였으며, 그들에 의해, 그들을 위한 미술 활
동이 진행되었다. 근대의 '부르주아지'라는 신흥세력 역시, 그들의
부와 명예를 유지하기 위해 정략결혼을 통해 신분 상승을 꾀한다.
이것은 조선의 계급사회와 서양의 계급사회가 전혀 다른 속살을 지니고 있다는 점을 잘 보여주는 예이다.

얀 반 아이크가 그린 그림 〈아놀피니 부부의 결혼식〉의 내용은 은행장이 시장의 딸과 정략결혼하는 모습으로 이미 잘 알려져 있다. 당시 그들에게 신분과 재력이 어떤 상관관계를 형성하고 있었는지를 단적으로 보여주는 그림이다. 그러나 우리나라는 양반과 중인이 결혼하여 자녀를 낳아도 그 자녀는 '서얼'이라는 어중간한 계급을 유지한다. 『홍길동전』에서 홍길동이 "아버지를 아버지라 부르지 못하고…"라고 하는 내용이 이 같은 사실을 잘 보여준다. 이는 계급이 엄격하게 적용되는 측면뿐만 아니라 계급의 이동이 곧 성공을 의미하는 것은 아니라는 점, 계급이 높다고 부를 쌓을 수 있는 것은 아니라는 점을 보여주는 것이다. 서양과 우리나라의 신분제도 상에서 보여지는 이 같은 차이점은, 자유롭고 개인적이며 그래서 창의적인 예술 활동의 전개 양상에 큰 차이를 보여준다. 더군다나 예술적 감성들이 모여 하나의 트렌드를 형성하여, 그 시대와 사회의 문화가 되어가는 데 있어서는 더 말할 나위가 없다.

서양 르네상스의 근간에 기독교가 있다면, 고려의 경우에는 불교가 있었다. 이탈리아 피렌체의 화려한 명성 못지않은 곳이 바로 고려의 개성이다. 피렌체 곳곳의 성당과 조각, 그림들만큼이나 개성에는 절과 탑, 그리고 불화가 넘쳐났던 것이다. 성당에서 쉽게 볼 수 있는 〈성 모자〉상을 고려의 〈수월관음도〉에 비하면 억지일까.

서양의 경우, 기독교는 종교라는 삶의 지표로서의 기능보다는 기득권층의 통치 이념이었으며, 이는 그들의 신분을 유지시켜주는 하나의 수단이었다. 중세의 기독교세계를 비판하면서도 기독교로 인해 유지해왔던 그들의 신분을 버리기에는 아쉬웠을 터, 기독교세계관은 여전히 대중을 향한 그들의 통치 수단이었던 것이다. 이에 반해 우리나라에 깃든 불교는 서민의 삶에 고스란히 녹아들었으며, 이 신앙은 신분과 상관없이 진행되었다. 고려시대, 국가적인 전란이 일었을 때면 호국불교를 자처하며 국가 운영에 뛰어들기도 하지만, 여전히 부와 명예는 '속세'였던 것을 기억해야만 한다.

지금까지 살핀 바와 같이, 이 둘은 서로 다른 양상으로 문화예술 전반에 서로 다른 영향을 끼쳤다. 유럽이라는 문화권 안에서 이리저리 문화의 주도권이 옮겨갔듯이 고려 이후 조선이 건국하면서 다른 문화가 형성되는 점도 비슷하다. 또한 그들이 르네상스라는 말로 직전의 역사를 전면 부인하면서도 계승하는 것처럼, 조선 역시 직전의 세계를 전면 부인하였고 국호를 조선이라 칭했는데, 이는 결국 '고조선'을 되살리겠다는 르네상스 운동에 다름 아니다. 마치 이탈리아 르네상스가 고전기 그리스를 그리워했던 것처럼 말이다. 다만 조선은 아예 새로운 국가를 세워 전혀 다른 통치 이념을 만들어냈다는 점에서 르네상스보다 더 개혁적이고 진보적이다. 그리고 단군신화에서 밝히듯이 하늘과 땅의 절묘한 결합으로 이룩한 나라가 고조선이므로, 조선의 문화예술이 현실계와 이상계를 합치는 방향으로 나아가는 것은 당연한 결과일 것이다.

고려의 개성이 이탈리아 피렌체에 버금갈 정도로 '미학'적인 도시였다는 점을 앞서 서술한 것은, 우리 선조의 문화가 서양에 비해 어떠했는지를 보여주고자 함이다. 더구나 서양 르네상스는 1300년대부터였으니, 고려는 이보다 훨씬 앞선 시대가 아닌가. 우리의 문화가 결코 그들에 비해 뒤쳐지거나 못한 것이 아니란 말을 하고 싶은 것이다. 또한 '르네상스'라는 말에 대한 언급은, 실제 추구하는 바가 말의 의미를 좇아가지 못하는 서양의 경우보다, 그 화려한 고려청자를 과감히 버리고 전혀 다른 스타일의 백자를 취한 조선의 경우가 '고조선'을 열망하는 진정한 '르네상스' 운동을 펼친 것이 아닐까 하는 생각에서다.

또 하나! 이 거대한 문화운동의 중심에 국가지도층이 있었는지, 아니면 대중이 있었는지를 살펴보는 것도 중요한 의미가 있다. 누군가의 목적에 따라 주도된 문화운동은 분명한 한계가 있다. 그들의 르네상스가 결국은 '매너리즘'이라는 이상한 이름의 사조로 쇠퇴하고, 근대의 인상주의나 표현주의 등에 자연스레 연결

수월관음도   성 안나와 성 모자
일본 가가미진자 소장   레오나르도 다 빈치, 루브르 박물관

되지 않은 것이 바로 그 한계이다.

　주지하고 있다시피 조선의 경우는 중인을 중심으로 방대한 문
화활동이 끊임없이 일어났으며, 이는 조선의 대중적 취향을 형성
하는 데 크게 기여한다. 우리는 왕실 소속의 화원인 김홍도가 풍
속화첩을 그려 서민의 일상을 소중히 기록하고 있었음을 상기할
필요가 있다. 구한말까지 이어진 이 문화운동은 개항과 일제를 겪
으며 역사의 뒤안길로 사라지는 듯하나, 형식적으로 서양의 물감

과 붓이 들어온 점을 제외하면, 실은 우리의 근대미술이 추구하는 바와 그 맥을 같이 하고 있다.

서양에서 기독교적 관점이 초지일관하고 있는 점과 마찬가지로 우리 역시 현실과 이상의 조화는 끊임없는 화두였으며, 그림의 양식과 형식을 결정하는 근거가 된다. 플라톤 이래로 이분법적인 사고체계를 논리로 받아들인 그들의 방식은 간단하다. 대상을 사실적으로 재현할 것인가, 그 이면의 본질을 상징적으로 표현할 것인가? 이 둘 중 하나를 선택하면 그게 그들의 예술사조가 되었다.

그들이 르네상스 운동을 펼칠 때의 롤모델인 그리스 고전기의 양식은 사실성과 객관성에 있었지만, 그리스 고전기의 미적 향수의 대상이었던 신들의 세계는 너무나도 이상적인 모습을 보여준다. 결국 이도 저도 아닌 어중간함을 지니고 있게 된다. 이 어중간함을 객관적·사실적으로 인간의 세계에 부여하려는 노력은 미술에 있어서 '원근법'이라는 기법적인 성과를 보이지만, 그 대상이 여전히 신, 이름을 달리하는 기독교의 하나님이었다는 사실은 곧 정체되어버릴 운동의 방향성을 짐작케 한다. 서양의 르네상스 운동은 태생적으로 그 한계를 내포하고 있었던 것이다.

반면 우리의 경우, 대상이나 사물의 외형 못지않게 그 속에 깃든 영혼을 끊임없이 드러내고자 하였다. 이는 불화를 그리거나, 왕의 초상화를 그리거나, 여염집 아낙을 그리거나, 일관되게 요구되는 변함없는 원칙이었다. 현실에 존재하지 않는 신선의 세계를 묘사할 때조차도 이상적이거나 완전한 모습보다는 자연스레 늙은 노인을 신선으로, 그리고 그 배경에는 소박하고 아담한 개울과 초가집을 그려내고 있다.

서양이 사실이냐 추상이냐의 혼란을 반복적으로 겪고 있을 때, 조선은 "둘, 다!"를 외치고 있는 것이다. 어떤 이들은 조선의 그림을 중국의 북종·남종이라는 화파를 따라 분류하고자 하였으나, 결론적으로는 '둘, 다!'를 그려낸 것이 조선의 화풍이다. 조선의 르네상스는 이 '둘, 다!'를 제대로 되살려보자는 것이며, 이는 불교든 유교든 기독교든 상관없으며, 왕이든 귀족이든 성직자든 서민이든 차등이 있는 것도 아니었다.

이탈리아 르네상스가 중세 1천 년을 외면하고 그리스 고전기를 바라봤듯이 조선도 삼국시대와 이를 계승한 고려를 버리고 고조선을 바라보고 있다. 고조선! 홍익인간, 즉 '널리 인간을 이롭게 한다'라는 건국이념은 하늘에서 온 그가 인간을 중심으로 통치한다는 것이다. 그리고 신의 아들인 그가 인간(곰의 토템)과 결혼한 것이야말로 진정한 계급의 타파가 아닌가. 이것이 바로 진정한 인간 중심의 세계관이다.

그렇다면 조선은 어떤가. '민본주의', 글자 한 자만 바꾸면(사실 거의 같은 뜻이므로 바뀐 것도 아니지만) '민주주의'가 조선의 건국

이념이었다. 물론 쿠데타로 조선을 세운 무관출신의 이성계가 민주주의와는 거리가 멀게 느껴질 수도 있다. 그러나 문·무의 역할을 나누어 국가의 기틀을 세우고, 통치이념으로 '성리학'을 가져왔다는 점을 생각하면, 조선은 단순 쿠데타 정부와는 다르다. 통치방법과 계급을 철저히 분리하여 '백성이 주인인 나라'를 외친 조선의 르네상스를, 자신들의 통치 수단을 잃기 싫어 무늬만 인간 중심을 외친 서양의 르네상스와 비교해 보는 것은 그래서 더욱 흥미로운 일이 아닐 수 없다.

조선 르네상스에는
`이념`이 있었다

　　조선은 주자의 성리학을 국시로 천명하여 세운 나라이
다. 학자들 몇몇을 제외하곤 잘 알지도 못하는 성리학을 이념의
기반으로 세운 것은 태조 이성계의 생각은 아닐 것이다. 그 말은
국가의 최고 통치자의 귀가 열려 있다는 반증이기도 하다. 단순히
군사를 일으켜 정권을 찬탈한 것이 아니라, 철저히 기획하고 준비
된 조선의 건국이라는 말이다.

　　조선이라는 나라의 청사진은, 매우 역설적이게도 조선이 거
부한 나라였던 고려의 태조 왕건이 불교를 국교로 삼으면서도 유
가적인 예를 중시하여 내린 〈훈요 10조〉에서 출발한다고도 할 수
있다. 왕건은 〈훈요 10조〉의 제1조에서 불교를 거론하며 국가대
업의 기틀을 제시하고, 마지막 제10조에서는 이를 실천하는 방법
을 유교적으로 풀이해 놓았다. 이는 이상과 현실의 합치에 다름 아

니며, 이상과 현실의 조화에 다름 아니다. 종교적 이상과 현세의 삶에 대한 유교적 질서를 종합하는, 이러한 〈정·반·합〉의 변증법적인 사고로 보다 진전된 합의를 이끌어내는 전통은 조선 성리학의 전개 과정에서도 드러난다.

중국에서 성리학이 확립되어가는 과정을 한 번 살펴보자. 불교의 교의가 현실의 세계를 지나치게 무의미한 것으로 여기고, 실제의 생활을 공허하게 하는 경향이 있었으므로, 이를 극복하고 인간 존재의 가치를 부여하고자 하는 운동이 일어나는데, 이것이 '하늘이 인간에게 부여한 성'이라는 '성즉리(性卽理)', 곧 '성리학'이다. 이 성리학이 조선에 들어와서 다시 한 번 변화를 꾀하게 되는데, 여기까지의 성리학은 전형적인 '이기이원론(理氣二元論)'이라고 할 수 있다. 보편적 자연의 원리인 '理'와 개별자들이 각기 다르게 지니고 있는 '氣'가 만나 상호작용하여 하나의 존재가 되지만 '理'와 '氣'는 각각 별개라는 것이다. 쉽게 말해, 인간은 영혼과 육체로 이루어져 있는데, 이 영혼과 육체는 각각 별개의 존재적 가치를 지니며, 영혼이 본래 지닌 존재적 가치와 특질은 변하지 않는다는 것이다. 이것은 '성선설'이니, '성악설'이니 하는 사상들이 설명되는 논리체계이기도 하다.

퇴계 이황은 주자의 성리학을 받아들여 '이기호발론(理氣互發論)'을 펼친다. '이기호발론'은 '氣'뿐만 아니라 '理'도 운동성을 지니고 있다는 것인데, 형식상으로는 주자의 '이기이원론'에 해당하지만 과거의 성리학보다는 진전된 모습이다. 이에 대해 율곡 이이는 '기발리승론(氣發理昇論)'을 펼쳤다. '기발리승론'은 '理'가 '氣'에 올라탄 모습으로 존재한다는 내용이며, 형식상 '이기일원론(理氣一元論)'이다. 이와 같은 율곡의 사상은 퇴계와 정반대의 입장을 취하는 듯하지만 내용적으로는 비슷하다. 만물은 그 원리인 '理'와 그 운동 및 현 상태인 '氣'로 개념화되며, '理'는 원리로서 내재하고 '氣'를 따라 발현된다는 것이다. 이로써 '이기일원론'이 완성되었다.

그림으로 설명하자면, 그림의 대상을 똑같이 닮게 그려야 그 사람이라고 할 수 있다는 주장(주자의 성리학)은, 똑같이 그려내는 것과 마찬가지로 그 사람의 특징만 추상화해도 그 사람이라고 알아볼 수 있다면 그것도 인정해 주어야 한다는 생각으로 이행되었고(퇴계의 이기이원론), 다시금 사실적인 묘사와 추상적인 묘사가 하나의 그림에 동시에 존재할 수 있다는 생각으로 발전한 것이다(율곡의 이기일원론). 마치 캐리커쳐를 보고 만화 같지만 그 사람과 똑같다고 말하는 것처럼 말이다.

겸재 정선의 그림들을 일컬어 '진경산수화(眞景山水畵)'라고 하지만, 실제 정선이 본 모습과 그림 속의 모습은 다르다. 왜냐하면 정선은 사물을 직접 마주하고 그림을 그리는 진경을 원칙으로

조선 르네상스에는 '이념'이 있었다.

금강산전도

정선, 1794년, 호암미술관

조선의 르네상스

하였지만, 그림을 감상하는 이의 입장에서 사물이 가장 잘 드러나는 구도를 택하여 부감법(俯瞰法)으로 그렸기 때문이다. 정선이 직접 마주한 그 금강산이 맞지만, 실제로는 그 누구도 볼 수 없는 구도를 취하여 매우 사실적으로 묘사한 것이다.

이탈리아 르네상스가 전개될 때, 그들에게는 기독교라는 거대한 사유체계가 존재했지만, 중세 1천 여 년 동안 기독교 사상은 문화예술을 제한하는 우를 범하고 말았다. 우상숭배 금지에 따른 형상의 제작이 금지된 것이다. 그러나 구약의 다윗이 준비하고 그 다음 왕인 솔로몬이 건축한 성전에 수많은 형상들이 존재하는 것은, 하나님을 찬양하는 목적에서 아름다움을 추구하고, 하나님 스스로 아름다움을 지니고 있는 존재임을 인정하는 것이다.

기독교가 서양의 사유체계를 지배하기 전, 활기차게 전개되었던 예술 활동이 1천 년이라는 긴 세월 속에 제한되었을 때, 천성적으로 예술가의 기질을 타고난 이들은 수공예와 교회를 아름답게 꾸미는 일에 동원되었을 것이다. 그들이 만든 상품은 장인의 작품이 되어 소위 말하는 명품이 되었지만, 예술가의 타고난 기질과 끼를 상품에 쏟아붓기에는 부족한 상황일 터였다.

중세 말 그들이 선택한 것은 합리적이고 과학적인 방법이었다. 이 과학적인 방식은 3차원의 공간을 2차원의 평면적 공간에 옮기는 데 매우 유용한 방식이었으며, 매우 객관적인 방식이다.

조선 르네상스에는 '이념'이 있었다.

바로 원근법을 말하는 것인데, 이러한 방식은 중세 암흑기 동안 워낙 맘껏 누리지 못한 탓에 새롭고 진전된 것처럼 보였을 것이다. 그러나 이는 자연계에 존재하는 사물을 동굴 벽이나 바위에 옮기던 시절부터 고민했던 문제였으므로 이제야 나타난 것에 대한 아쉬움도 크다. 어찌되었건 이전 시대와 달리 보다 많은 미술품이 제작된 것만은 사실이다. 성당을 아름답게 꾸미고, 그림을 걸어두고, 벽면을 장식하며, 조각상을 설치하는 것은 교회 권력자들과 국가의 지도자들에게 부를 가져다주었다. 재능 있는 예술가들에게는, 그들의 의뢰에 따라 그들의 구미에 맞는 미술품을 제작해 주는 일이 중요한 생계수단이 되기도 했다. 사실 이는 이탈리아 르네상스가 성공한 중요한 이유이기도 하다.

이탈리아 르네상스에 원근법이 있다면, 조선에는 '진경'이 있었다. 진짜 경치를 시로 표현하면 '진경시', 그림으로 표현하면 '진경산수화'가 되는 것이다. 시를 사실적으로 쓰다니! 얼마나 시적이고도 현대적인가. 보통 시적이라는 표현은 실제와 다른 판타지를 제공하는 말인데, 문제는 그 시가 진경을 사생한 것이므로 매우 아이러니하면서도 매력적인 표현이다.

'진경산수화' 하면 떠오르는 인물이 겸재 정선이다. 겸재는 중국 북방 화법의 특징인 선묘(線描)와 남방 화법의 특징인 묵법(墨法)을 이상적으로 조화시켜 우리나라의 산천을 그려냈다. 이것은 조

정양사

정선, 18세기, 국립중앙박물관

선 성리학이 추구하던 그 이념(理와 氣를 합쳐 놓음으로써 이상과 현실을 함께 바라보는)을 그림의 영역에서 구현한 것이라고 할 수 있다. 정선이 그린 〈정양사〉의 원경에 등장하는 먼 산은 돌산이다. 이 돌산의 암봉을 표현하는 데는 선묘가 적당했을 것이며, 근경의 초목으로 우거진 토산은 묵법으로 묘사하는 것이 적합했을 것이다.

흔히들 한국화를 선에 비유한다. 이 말은 한편으로는 맞지만 한편으로는 맞지 않다. 선과 면을 절묘하게 조화시키는 겸재의 그림 속 묵법은 레오나르도 다 빈치의 모나리자에서 발견되는 '스푸마토' 기법과 다르지 않다. 또한 미켈란젤로의 〈천지창조〉에 등장하는 인물들의 윤곽선들은 겸재의 선묘와도 같은 것이다. 뿐만 아니다. 그림의 원경과 근경이 뚜렷이 구별되어 보이는 것은, 이미 서양의 원근법 못지않은 원근에 대한 인식과 표현이 가능했음을 보여준다.

또 여백이라는 말도 우리 미술의 특징으로 자주 쓰이는 용어인데, 이 여백에는 약간의 오해가 있다. 대개의 경우, 여백을 화면상 보이는 빈 공간쯤으로 인식하고 있는데, 실제 우리의 그림은 그 크기가 별로 크지 않으므로 여백이 있어 봐야 얼마되지 않는다. 그렇다면 여백은 무엇인가. 그것은 근경과 원경 사이의 거리이다. 아득한 거리감을 가까운 사물과 먼 사물 사이에 깊이 있는 공간으로 묘사한 것이다. 겸재의 그림에서도 가까운 토산과 먼 암봉 사이의 여백이 보인다. 하늘 위의 텅 빈 그곳을 여백이라고 하지는 않는다는 말이다.

레오나르도 다 빈치의 〈모나리자〉의 배경을 두고 설왕설래 말들이 많다. 혹시 '리자' 부인을 그릴 때, 인물은 실내의 의자에 앉혀두고 그린 다음, 배경은 인위적으로 합성하는 방법을 쓰지 않았을까. 이는 어쩌면 이상과 현실을 절묘하게 조화시키는 조선의 방식일 수도 있겠다. 그러나 배경의 시점, 인물과 배경의 거리감은 겸재의 그 조그마한 종이에 비하면 어딘지 모르게 미숙하다. 그 미숙함과 우유부단함이 어색한 미소를 가져온 것은 아닐까. 선으로 얼굴의 윤곽을 마무리하면 사실적(현실적, 객관적)이지 않다는 생각에 몇 번을 문지르고 다듬고 칠했을 그 기법이 '스푸마토'의 실체일 수도 있다. 먼 배경을 적당히 비워두면 되는데, 그들의 생각에 빈 공간은 있을 수 없으므로 무엇인가로 채워야 하기에 그 배경이 모호해진 것은 아닐까 생각해 본다.

이탈리아 르네상스 시대 레오나르도 다 빈치는 면적인 그림을, 미켈란젤로는 선적인 그림을 그린 것으로 유명하다. 그러나 겸재에게서 이 둘의 기법이 모두 발견되는 것은, 조선 성리학의 이기일원론 사상이 그대로 스며들어 미술의 기법에 활용되었기 때문으로 짐작할 수 있다. 조선 성리학이 추구했던 것은 이론과 실제의 조화이며, 음양의 조화였다. 이상세계와 현실세계를 조화시키는 것이 목표였다는 것을 생각하면, 이는 억지주장이 아니다. 학자들이 학문에만 몰두하는 것이 아니라, 시(詩)·서(書)·화(畵)를 두루 겸비하여야 한다는 '삼절(三絶)'이라는 말도 헛말이 아니다. 조선의 르네상스는 그 출발에서 서양의 르네상스와 다른 방향을 걷고 있는 것이다.

조선에서 문(文)·사(史)·철(哲)은 전공 필수, 그리고 시·서·화는 교양 필수였다. 이러한 전통은 주대의 학문 분류 육예(六藝), 즉 예(禮), 악(樂), 사(射), 어(馭), 서(書), 수(數)에서 기인한다. 서양은 중세 때부터 귀족의 자제들이 익혀야 할 주요 학문 분야로 문법,

조선 르네상스에는 '이념'이 있었다.

수사학, 논리학, 산술학, 기하학, 천문학, 음악(화성학), 건축학을 정해 놓았다. 여기에서 중요한 차이점이 발견되는데, 그것은 국가의 주요 인재가 반드시 익혀야 할 영역에 예술이 포함되는지 아닌지의 여부이다. 물론 서양에서도 음악이 속해 있긴 하지만, 이것은 감성적인 음악을 표현하거나 감상하는 목적이 아니라 화성학을 통한 수학적 비례를 익히기 위한 것이었다.

조선 르네상스의 문화예술은 처음부터 국가지도층과 예술가 계급인 중인, 서민에 이르기까지 두루두루 공유하고 향유할 수 있는 것이었던 반면, 이탈리아 르네상스의 경우는 일부 특권층이 부의 과시와 명예의 징표, 혹은 부의 축적 수단으로써 낮은 계급인 예술가들을 이용하고 활용한 것이다. 이러한 차이는 문화를 만들고 향유하는 이가 일치할 때와 그렇지 않을 때의 결과와 같은 차이를 보인다.

최근 '프로슈머(Prosumer)'라는 말이 이슈다. 생산자와 소비자가 통합된 이 말은, 향후의 문화코드를 예감하고 새로운 문화를 형성하는 데 중요한 정보를 제공한다. 조선의 르네상스 속 문화코드는 바로 이 '프로슈머'라는 말과 같다. 문화를 생산하고 소비하는 이가 일치하는, 진정한 의미의 '향유'에 가치를 둔 문화예술 활동인 것이다.

이기일원론, 이 명쾌한 논리체계는 국가를 경영함에 있어 반

단오풍정(端午風情)
신윤복, 간송미술관

상의 구별 없이 동일한 비율의 조세를 걷어야 한다는 '대동법'이라
는 조세개혁을 이끌었으며, 반상의 구별 없이 글을 쓰고 읽을 줄
알아야 한다는 생각을 이끌어 '한글'을 만들어 반포했고, 또 반상
의 구별 없이 인재를 등용하는 것이 옳다는 판단을 이끌어 '과거
제'를 시행하게 했다. 그리고 이 논리체계는 왕의 어진을 그리는
화원이 동시에 궐 밖 씨름꾼의 모습을 그리고(김홍도의 〈씨름도〉),

조선 르네상스에는 '이념'이 있었다.

모나리자
레오나르도 다 빈치, 루브르 박물관

조선의 르네상스

자화상

윤두서, 국보 제240호, 개인 소장

조선 르네상스에는 '이념'이 있었다.

기생의 소소한 일상을 그리는 일을 허용케 했다(신윤복의 〈단오풍정〉). 또한 초상화를 그릴 때 수염 한 올, 한 올 심혈을 기울여 사실적으로 묘사함과 동시에 몸통을 과감히 날려, 그 살아 있는 수염의 기운으로 하여금 인물의 성품을 드러내는 데 방해하지 않도록 하는 미완의 기법으로 마감하는 대담성을 갖게 했다(〈윤두서의 〈자화상〉). 그러나 미완성작이라 더 유명한 〈모나리자〉에서는 이러한 것을 도무지 발견할 수가 없다.

윤두서의 〈자화상〉은 매우 사실적이다. 그의 눈은 수백 년이 지난 지금도 살아 있다. 왠지 그의 눈을 똑바로 바라보지 못할 만큼 눈빛이 매섭다. 그의 수염 한 올, 한 올은 윤두서의 성품을 드러낸다. 그 기운을 드러내는 데 딱 만족한 그는 밑그림에 존재했던 몸통을 묘사하는 일을 그만두었다. 그걸로 족한 것이다. 종이에 먹으로 그린 이 그림에서 윤두서는 자신과 외형적으로 똑같은 인물을 묘사하는 데 성공했을 뿐 아니라(형사), 자신의 내면세계도 그대로 반영해냈다(신사). 선 하나 잘못 그으면 전체 그림을 망치는 이런 방식을 통해 그토록 사실적인 묘사가 가능한 기술이 전문 화가가 아닌 그에게 있었다는 것은 놀랍기만 하다. 특히 얼굴의 윤곽을 휘돌아가는 저 먹선은 레오나르도 다 빈치가 그토록 꺼려하고 싫어했던 선이었다.

레오나르도 다 빈치에게 대상의 윤곽은 실제하지 않는 것이었다. 우리 눈에 보이는 선은 볼과 귀 사이의 공간이 압축되어 그리 보이는 것이지, 선으로 존재하지는 않는다. 그러므로 그 공간의 깊이를 표현해내는 것이야말로 대상을 평면에 옮기는 데 중요한 기술이었을 것이다. 그는 이를 이루기 위해 '스푸마토'라는 공기원근법을 고안해냈으며, 이는 그의 그림에 있어서 중요한 특징이 된다.

턱선을 그을 때, 아주 조금만 아래로 그으면 주걱턱이 되고 만다. 턱과 목 사이 그 어느 부분을 선으로 그을 것인지 매우 예민한 문제이며, 어려운 문제이다. 그 어려움을 극복하기 위해 서양의 유화는 몇 번이고 고쳐 그리며 덧칠할 수 있었으니, 그들이 사실적이고 객관적인 사물의 모습을 재현하는 일은 어찌 보면 우리 옛 그림의 방식보다는 훨씬 더 쉬웠을 것이다.

선의 위치에 따라 인상이 바뀌고, 대상이 본래 지니고 있는 캐릭터가 변하니 이 얼마나 어려운 일인가. 그런데 이 기술마저도 사물의 이면을 들여다보고 나타내는 데 사용했으니, 조선 르네상스가 지닌 이념은 이념에만 머물러 있는 것이 아닌 거다. 윤두서가 다 그리지 않은 몸통은 미완성이 아니라, 그 여백으로 인하여 윤두서라는 사람의 특질을 드러내는, 진정한 의미의 '완성'인 셈이다.

조선 르네상스에는 '이념'이 있었다.

조선 르네상스의 힘은
'대중'이었다

이탈리아 르네상스는 왕실과 교회에 의해 주도되었고, 그리고 너무나 잘 알려진 '메디치'라고 하는 거상의 후원으로 인해 꽃을 피웠다. 이 거상은 그냥 상인이 아니다. 그는 귀족이었으며, 예술가들로부터는 '폐하'라는 칭호까지 받았던 사람이었다. 좀 씁쓸하지만, 돈 내는 사람이 최고이지 않은가. 근대 이후 나타난 물질만능주의라는 게 사실은 중세의 십자군 원정 이후, 자본의 흐름이 현물, 즉 돈으로 옮겨지면서 이 르네상스 시기에 이미 생겨난 것이다. 동서고금의 역사를 통틀어 문화예술은 항상 현실 경제와 사유체계에 앞서 있었다. 그러나 돈의 유혹에는 어쩔 수 없나 보다.

왕실과 교회의 지도자들도 자본의 유혹에서 벗어날 수 없었으며, 가문이나 학식을 떠나 자본을 따라 그들만의 상류층이 형성되었다. 왕실과 교회의 권력 다툼도 결국은 이 자본의 확보를 위한 것이었다. 이탈리아 르네상스가 성공할 수 있었던 원인 역시 여기에 있다. 부동산 가치의 붕괴 이후 현물 가치가 중요시된 시점에, 현물을 대체할 수 있는 수단으로써 예술품이 자본의 증식에 중요한 투자 수단이 되었던 것이다. 그러므로 그들은 인기 있는 작가와 작품을 독점할 필요가 있었다. 현재 미술품 경매 시장이나 연예 엔터테인먼트 시장이 그러하듯이, 값싸게 전속계약을 맺은 본인의 작가를 인기작가 혹은 슈퍼스타로 키워낼 필요가 있었다.

  레오나르도 다 빈치가 이탈리아·로마·프랑스 등 여행을 많이 한 것 역시 이러한 계약관계에 의한 것이었으며, 그는 우리가 알고 있는 한, 스스로 향유하거나 자신의 감정을 표현하는 그림을 그린 적은 한 번도 없었다. 임신한 아내를 기념하는 초상화를 그려 달라고 하면 계약금을 받고 그림에 착수하고, 잔금을 받지 못하면 그림을 납품하지 않았다. 어쩌면, 〈모나리자〉는 의뢰자가 완성된 모습이 마음에 들지 않아 잔금을 주지 않자 계속 덧칠만 한 것은 아닐까. 그래서 물감이 두껍게 발리고, 또 처음은 모델을 마주하고 그렸지만 후일에는 상상으로 덧칠을 지속하다 보니 그 미소가 어정쩡해진 것은 아닐까. 그래서 모나리자의 얼굴에서 레오나르도 다 빈치의 얼굴이 투영된 것은 아닐까. 간혹 그림을 그리다 보면, 자신도 모르게 그림 그리는 이의 얼굴과 닮아 있는 것을 목격할 때도 있다.

조선 르네상스의 힘은 '대중'이었다.

감자 먹는 사람들
고흐, 1882년, 암스텔담 반 고흐 미술관

　우리가 잘 알고 또 사랑하는 렘브란트와 고흐의 그림은 우리
에게 분명 어떤 울림을 준다. 그들의 삶이 가난한 예술가의 삶을
대변하고 있는 것은, 르네상스 시대의 예술가들과 전혀 다른 길
을 걸었기 때문이리라. 분명 이들이 그린 그림은 대중적이고, 서
민 지향적임에 틀림없다. 그러나 서민의 집에는 그림을 걸어둘 만
한 넓고 밝은 벽면이 없다. 그들은 고된 노동 뒤의 저녁, 기껏 촛
불 하나 밝혀두고 조촐한 식사를 할 수 있는 것으로 만족해야 하는

삶을 살았다. 그들에게 그림은 사치였던 셈이다. 큰 〈성 모자〉 상과 나란히 서 있는 자신을 그림 속에 넣어서 자신의 신앙심과 부, 그리고 명예를 드러내고 자랑할 일이 없는 것이다.

그러므로 이탈리아 르네상스 미술을 주도한 것은 대중이 아니다. 이 거대한 미술 운동은 부와 권력과 명예에 의해 기획된 문화상품이다. 이때의 예술가들은 위대한 후원자를 찾아야만 했고, 후원자의 능력에 따라 예술가의 값어치도 달라졌던 것이다. 마치 연예인이 어떤 매니저를 만나느냐, 혹은 어떤 엔터테인먼트 회사와 계약하느냐에 따라 달라지듯이 말이다.

물론 이탈리아 르네상스 예술가 전부가 그런 것은 아니다. 미켈란젤로처럼 후원자의 의도와 기획을 따르지 않아 종종 말썽이 생긴 경우도 있다. 예술가의 미적 가치와 신념에 따라 위대한 예술품이 탄생되기도 하였으나, 자본의 논리를 따르지 않은 미켈란젤로의 삶 역시 녹록치 않았다. 한편 이 시기에는 알려지지 않은 화가들의 숨은 역작들이 최근에 조금씩 빛을 보는 경우도 있다. 카라바조라는 이름 없는 화가의 그림은 오히려 현대에 이르러 그 가치가 높게 평가된 경우라고 할 수 있다. 카라바조의 경우, 오히려 르네상스의 형식적 흐름과 궤를 같이 하지 않는 자신만의 화풍을 만들어 훗날 네덜란드의 화가 렘브란트가 이를 계승했으니, 이탈리아 르네상스와는 별개로 보는 것이 맞다. '카라바조'라는 이

조선 르네상스의 힘은 '대중'이었다.

의심하는 성 도마
카라바조, 1601년, 포츠담 상수시 궁전

름조차도 그의 그림이 많이 출토된 지역명이라고 하니, 그를 르네
상스 미술로 분류하기에는 미안한 마음이 든다.

다만, 르네상스의 이단아라고 알려진 미켈란젤로는 다르다.
그는 레오나르도 다 빈치, 라파엘로와 동시대에 함께 경쟁한 미술
가였다. 르네상스 화풍 자체가 레오나르도 화풍과 미켈란젤로 화
풍으로 양분되어 전개된 점, 라파엘로가 두 선배 거장의 화풍을 통

합하여 이 시기의 아카데믹을 완성한 점으로 미루어 이탈리아 르네상스를 논할 때 미켈란젤로를 제외시킬 수는 없다.

이탈리아 르네상스가 정점으로 향해 갈 무렵, 궁전과 큰 성당에 어김없이 자리 잡은 이 미술품들은 당연히 돈 되는 미술이었으며, 후원자들의 구미에도 맞는 그림이었을 것이다. 따라서 이런 방식으로 미술품을 제작해야 한다는 생각이 만연하였고, 예술가가 되고자 하는 이들은 그런 그림의 모사에 애를 썼다. 한편, 르네상스가 전형으로 삼은 그리스 고전기의 미술품은 대부분 조각으로 전해졌고, 그 조각들은 예술가 지망생들에게 좋은 모델이 되었다. 조각 작품을 데생하며, 비례·조화·균제미를 익히는 일이 매우 중요했던 것이다.

그러나 동일한 대상을 동일한 방식으로 표현하는 연습을 계속하다 보면 개인의 개성을 잃기 쉽다. 완벽한 실력으로 초창기 르네상스를 주도한 위대한 예술가들이 하나 둘 생을 마감하고 나자, 이탈리아 르네상스는 혼란을 겪게 된다. 귀족, 교회, 후원자들이 원하는 미술은 그리스 고전기의 신전과 로마 황제를 위한 미술품과 같은 것들인데, 위대한 이탈리아 르네상스 미술가들이 사라지자 창조성은 없고 그저 비슷하게 흉내 내는 이들이 많아진 것이다. 자신만을 위해, 혹은 자본의 증식 수단으로 존재해야 할 미술품이 대량생산되는 것은 결코 반길 일이 아니었다. 그것은 희소성의 가치를 훼손시킬 뿐이다.

바로 여기에 특별한 사람들에 의해 기획된 이탈리아 르네상스의 한계가 있다. 이 문화상품은 새로운 길을 찾아 변화를 주든지, 아니면 더 이상 생산되면 안 되는 한정판이 되어야 한다. 원래부터 대중을 위한 것이 아니었고, 대중의 취미를 반영한 것이 아니기에 이 문화운동은 더 이상 지속될 필요가 없어진 셈이다. 더욱이 부를 축적하는 수단이 점차 다양해지고, 북유럽의 국가들이 종교개혁을 통해 봉건주의를 벗어던지고 산업화의 여명이 밝아오자, 후견인들의 눈이 자연스레 옮겨간 것은 당연한 결과였다. 그들은 결국 돈이 주는 명예의 가치를 우선시하는 사람들 아니던가.

1392년, 이탈리아 르네상스가 전성기를 향해 가고 있을 무렵 조선이 건국된다. 조선 건국의 주도 세력은 이른바 신진사대부들이다. 이들은 고려 말 토지를 중심으로 하는 고려사회의 정치경제적 모순에 대항하는 세력들이며, 과거제도를 통해 새롭게 등용된 세력이다. 이들은 조선의 건국이념인 성리학과 민본주의를 통해 새 시대를 열망했고, 기존의 권문세족에 대항할 정도의 힘을 지니게 되자 사회·경제 전 영역에 걸쳐 막강한 영향력을 행사했다.

사실 국왕은 성리학과 민본주의 사상을 선호할 이유가 없다. 성리학이 국왕에게 강요하는 것은 다름 아닌 '왕도정치'이다. 임금이 백성들을 위해 본을 보여야 된다는 의미가 있다. 성리학과 민본주의의 수용은, 오히려 민중이 양반 사대부를 견제할 수 있다는 점에서 현대 정치에서의 선출권과 같은 의미로서 가치 있는 셈이다. 서구에서 기독교를 받아들인 이면에 신의 권능을 빌어 민중을 통치하고자 하는 정치적인 야욕이 있었다는 점과는 전혀 다른 방향인 것이다.

다만 조선에는 여전히 계급이 존재했다. 물론 '士, 農, 工, 商'은 직업군의 분류였지 신분의 서열은 아니었지만, 오랫동안 존재해 온 반상의 구별이 쉬 사라지지는 않았다. 그러나 조선에서의 계급의 존재와 구별은 오히려 지배 계급에 도덕적 책임과 의무를 던져주었고, 피지배층을 통치하는 것이 아니라 그들에게 모범이 되어야 함을 가르쳤다. '피지배층을 위한 통치여야 한다'는 방향을 제시하는 것이 바로 조선 성리학이며, 민본주의이다. 그래서 우리가 알고 있는 조선 선비문화의 전형이 권세를 멀리하며, 부를 축적하지 않고, 학문에 정진하는 모습이라는 것을 기억해야 한다.

15세기 조선의 미술은 양반, 부녀자, 중인, 민중(기생, 승려)에 이르기까지 다양한 계층에서 다양한 주제로 확장되어 왕성히 전개되었다. 특히 서화는 기록·감상·수양 등 다양한 목적과 산수·초상·화훼·동물·곤충 등 다양한 주제로 확대되어, 대중의 취미가 반영된 예술 활동으로 전개되었다. 그들은 생산자인 동시에 감상자였고, 이러한 서화 활동이 하나의 미덕으로 간주되면서 그야말로 조선의 '르네상스'가 시작된 것이다.

사대부들은 시, 서, 화를 삼절(三絶)이라 하여 선비가 마땅히 갖추어야 할 덕목으로 보았기에 전문 화가가 아니면서도 학문과 기예를 겸비한 수준 높은 서화를 남겼으며, 당시의 시대정신을 서로 논하기도 했다. 게다가 도화서의 화원들과도 신분의 차별 없이 함께 어울리며 교류하였으므로, 중인계급이었던 화원들 역시 기법이나 솜씨의 문제를 넘어서는 시대정신이 담긴 작품을 제작할 수 있었다. 이는 조선 성리학의 이기일원론에서 사물의 외형(氣)을 사실적으로 담아내는 것 못지않게 그 이면의 근원적 본성(理)을 그림 속에 담아내고자 하는 원리를 미술에 적용시키게 된 계기이기도 하다.

그림을 잘 그리는 일은 돈이 되는 일이기는 했지만, 그림을 업으로 삼아 돈을 벌기에는 조선에 그림 꽤나 그리는 이들이 너무 많았다. 편지 한 장을 보내더라도 그림을 그리고, 시를 지어 낙관을 찍어 보내는 이 멋스러운 사람들의 예술 향유는 가히 대중적이다.

'서민의 일상을 담은 그림' 하면 떠오르는 사람이 바로 김홍도이다. 그러나 서민을 주제로 한 그림은 중인계급이었던 김홍도뿐만 아니라 사대부들의 그림에서도 한두 작품이 아니어서 일일이 언급할 수조차 없을 정도다. 그림 속 양반의 모습을 오히려 희화하거나 자화상에서 자신을 우스꽝스레 묘사한 장면도 많으니,

미술이 신분이나 부를 과시하는 도구였던 서양의 경우와는 완전 딴판이다.

표암 강세황(1713~1791)은 정조가 '노인들을 위한 과거'를 특별히 열자, 그 나이 60이 넘어 과거에 응시하고 급제하여 병조 참판에 이른 인물이다. 그의 자화상을 보면, 복색은 평복 차림인 데 모자는 평복에 어울리지 않은 관을 씌워 놓았다. 그리고는 이런 제문을 써 놓았다.

하얀 눈썹과 수염이 있는 저 사람은 누구인가?
머리에는 사모 쓰고 몸엔 평복을 걸쳤구나.
오호라, 마음은 시골에 가 있지만 벼슬아치 명부에 이름이 걸려 있구나.
가슴엔 수천 권 책을 읽은 학문 품었고,
감추어진 손엔 태산을 뒤흔들 서예 솜씨 들었건만
사람들이 어찌 알까, 스스로 재미 삼아 한번 그려봤을 뿐.
이 노인 나이는 일흔이요, 호(號)는 노죽(露竹)인데,
자기 초상 자기가 그리고, 그 찬문도 자기가 지었으니,
이 해는 임인년이라.

당시 사회지도층의 미덕이 이러하다. 벼슬을 통한 부귀영화 와 거리를 두고 학문에 정진하는 것이 보기에 좋고, 거기에 만족

할 줄 알아야 선비인데, 예순 넘어 기어이 과거시험을 치고 벼슬을 하고 만 자신의 모습을 부끄러워하며 우스꽝스레 여기는 것 말이다. 그것이 본인이 생각하는 가장 솔직하고 진실한 모습이었던 것이다.

어울리지 않은 복장과 모자를 그린 것은 마치 틀린 그림 찾기와 같지만, 이것을 통해 사물이 보여주는 것 이면의 관념적인 면을 표현하고자 한 것이다. 이는 이 책의 서두에서 말한 바 있는, 우리 민족이 지니고 있었던 '현실 너머의 세계에 있는 존재에 대한 앎'을 표현한 것에 다름 아니다. 다만 그것을 그려내는 방식과 내용이 변화한 것이다. 고대미술, 그리고 불과 몇 년 전인 고려시대에만 해도 수없이 그려대던 그 '영기무늬'를 대체하는 방식을 찾아낸 것이다. 왜냐하면 그 영기라는 것이 실제로는 눈에 보이지 않으므로…. 숭고한 대상에 대한 두려움과 동경, 그리고 그것에 대한 인지와 믿음이 영기무늬로 표현되었다면, 조선의 이 영감님은 자신의 내면세계를 스스로 꿰뚫어보고 이를 객관적으로 파악하여 드러낼 줄 알았던 것이다.

사물을 객관적으로 관찰하는 데에도 많은 시간과 모험이 필요했던 것이 서양인데, 오히려 우리의 선조들은 사물뿐만 아니라 자기 자신, 즉 주관마저도 객관화함에 주저함이 없다. 이것이 조선 성리학, 이기일원론을 거론하며 구차하게 설명했던 조선 르네상

彼何人斯鬚眉晧白
頂烏帽披野服於以
見心山林而名朝籍
胸藏二酉筆搖五嶽

人那浩知我自爲樂
翁年七十翁號露竹
其真自寫其贊自作
歲在玄黓攝提格

자화상

강세황, 국립중앙박물관

조선 르네상스의 힘은 '대중'이었다.

스가 추구하는 예술 창작의 방향이다. 그리고 이것이 '대중의 눈높이에서 현실을 직시하고 삶을 살아가는' 그 자체가 중요하다는 판단에서 기인한, 조선 지식인의 삶의 태도이다. 더 이상 고려청자와 같은 화려하고 고귀한 것은 의미 없다. 고려청자에 오줌을 담아내면 한낱 요강에 불과하기에, 임금의 밥상이나 여염집의 밥상이나 별 차이 나지 않는 백자로 아름다움을 추구한 것이다.

조선 초기 강희안은 『양화소록(養花小錄)』을 집필하여 원예낙농의 방법을 남긴 인물이다. 양반이니 고루한 학문에 대한 깊이 있는 글만 써야 한다는 법은 없다. 식물 하나 길러내는 법에서도 사물의 이치와 우주의 원리를 찾아내는 데 도통한, 조선 르네상스 초기의 이 예술가는 〈고사관수도〉라는 걸작을 남겼다.

조선 초기, 중국의 화풍을 따라 산수에서 인물이 차지하는 비중이 아직 크지는 않았던 시기에, 조선의 지식인들이 변화를 수용하고 새로움을 추구하는 것을 보면 놀랍기 그지없다. 이 그림 속 늙은 선비는 고매한 양반이 아니다. 그는 지금 조그마한 개울의 작은 물방개와 소금쟁이, 송사리가 달아날까 조심스럽다. 기암절벽의 기상과 한 획 힘주어 그은 버들가지의 힘찬 기운에 비하면, 이 늙은이는 그냥 늙은이인 것이다. 너무나 친근한 미소로 개울을 응시하는 그의 표정은, 그러나 천하를 얻은 이보다 더 만족스럽다. 그는 바위에 자신의 몸을 바짝 기댄 채 그저 바라보기만 할 뿐이

고사관수도(高士觀水圖)

강희안, 15세기 중반, 종이에 수묵, 23.4×15.7cm, 국립중앙박물관

조선 르네상스의 힘은 '대중'이었다.

지만 그걸로 족하다. 이 보잘것없는 인물이 화면의 중심에 특별한 기교 없이 그려졌다. '기운생동(氣韻生動)'이니 뭐니 다 쓸데없다. 이 그림의 크기는 정말로 A4 용지만 하지만, 이 그림이 주는 화면의 스케일은 결코 작지 않다.

조선 르네상스는 대중이 만든 문화운동이다. 조선에서의 대중은 피지배층을 지칭하는 것이 아니다. 지배층이나 피지배층, 양반이나 평민 할 것 없이 모든 직업군을 아우르는 진정한 의미의 대중을 지칭한다. 이 대중성은 지식인, 양반들의 지배의식과도 상관없다. 그들이 지닌 학식과도 관계없다. 자신들이 지닌 학식이나 명예는 누리고 관리하는 것이 아니라 나누고 제공하는 것이며, 그러한 책임이 본인들에게 있다는 이념이 깊이 배어 있었기에 고매한 선비는 영락없는 옆집 아저씨일 수 있는 것이다.

서양에서 왕과 교황의 권력 다툼이 있었을 때, 교황이 왕권을 견제하는 방법으로 문자를 읽고 쓰는 능력을 빌미로 잡았던 일을 우리는 알고 있다. 그 행위에는 자신들이 가진 기득권을 나누어주면 권력을 나누어주는 것이고, 종국에 가서는 빼앗기고 말 것이라는 생각이 깔려 있었다. 만약 조선의 지식인들과 사회지도층이었다면 그것은 도덕적으로 지탄받아 마땅한 일이리라. 물론 좋은 이념과 높은 공동체 의식이 있다고 하더라도 권력 앞에서는 장사가 없는 법. 조선이라는 나라가 지속되면 될수록 권력의 유지와 독점을 위해 붕당이 생겨나고 당쟁이 일며, 피지배층을 억압하고 착취하는 세력이 등장한 것도 사실이다. 다만 여기서 우리가 짚어내고자 하는 것은, 조선의 르네상스가 처음부터 어떤 방향을 취해 어떻게 전개되었는지를 살펴보면, 그 중심에 진정한 의미의 '대중'이 있었음을 발견할 수 있다는 점이다. 이것이 바로 이탈리아 르네상스와 다른 점이며, 향후 전개될 조선 르네상스의 향방을 결정하고 있다. 우리는 이 점에 의미를 두고자 한다.

"아니, 이 양반이!", "야! 이 양반아!" 등 양반을 비아냥거리는 이 말들은 지금도 우리의 말 속에 남아 있다. 조선시대 양반은 서양의 귀족과 다르다. 양반이어도 별 볼일 없는 경우가 허다했다는 시대상을 반영하는 말인 것이다. 『양반전』, 『허생전』 등 양반을 풍자한 문학과 마당놀음은, 그 사회가 그만큼 비판을 받아들이고 수용할 수 있는 열린사회였음을 보여주는 사례가 될 수도 있다. 실제로 조선 말기로 가면 양반이라는 신분도 돈으로 살 수 있는 것이 되어버리고, 급기야 평민보다 양반의 수가 더 많아지는 결과를 낳았다. 흔해빠진 양반을 더 이상 귀족으로 볼 수 없는 상황이 된 것이다.

임진왜란과 정묘호란 등을 겪으며, 이 땅을 지킨 이는 다름 아닌 민중들이었다. 그들은 대중의 힘을 스스로 체감할 수 있었고, 자신감이 생겼다. 17세기 농업이 발달하면서 잉여 생산물에 대한

조선 르네상스의 힘은 '대중'이었다.

교역이 활성화되고, 자연스레 상업과 공업도 발전하여 이 시기의 조선은 국가 전체가 활기를 띠게 된다. 이 점 또한 서양과 다르다. 서양의 역사는 농경사회에서 산업사회로의 급격한 전이를 통해 사회 전체가 보다 진전된 모습을 보였다고 기록하지만, 빈부의 격차와 인간소외 현상 등 엄청난 부작용 또한 기록하고 있다. 반면 조선은 농업의 근간을 허물지 않으면서 서서히 발전해 나가는 모습을 보여준다. 그러므로 이 시기 조선사회가 지속되었다면 부작용 없는 현대 산업사회로의 이행이 가능했으리라.

그러나 안타깝게도 잦은 외세의 침략과 일제의 강제 병합, 그리고 남북분단으로 이어진 한국전쟁은, 자발적이고 자연스러운 역사의 진전을 허용하지 않았다. 결국 전후 한국사회가 겪었던 급격한 변화는 경제적인 측면에서 꽤나 성공한 듯하지만, 지나치게 서양의 체계를 따른 탓에 서양의 산업사회가 겪었던 부작용을 고스란히 떠안고 말았다. 뿐만 아니라 고대로부터 고고히 이어져왔던 민족의 미의식도 잃어버려 새로움만을 추구하는 요상한 사회가 되어버린 것이다. 새로움을 추구하는 것이 나쁘지는 않지만, 서양의 것을 무조건적으로 새로운 것이라고 생각하게 된 현실은 안타깝다.

세계적인 유행이 된 '한류' 속 한국적인 것은 무엇인가? 과연 그것을 '한류(韓流)'라고 칭할 수 있는가? 아쉽게도 이런 질문에는 쉽게 대답이 나오지 않는다. 서양의 복장과 서양의 음악으로 무장한 대중음악 속에서 'K-pop'이라는 말의 진짜 의미를 찾아야만, 잠시 스쳐지나가는 유행이 아닌, 세계 문화를 선도하는 대중성을 만들 수 있다. K-pop의 'K'는 코리아, 즉 한국을 의미한다. 그리고 'pop'은 대중음악을 줄인 말이다. 여기에 답이 있다. 한국의 대중음악이라는 뜻이다. 한국의 대중음악이 서양의 대중음악과 무엇이 다르기에 그 명칭이 구별되었는지 생각해볼 일이다.

기법적으로 서양의 것과 별 차이를 보이지 않는데도 한국의 대중음악으로 분류되는 것은, 우리 대중음악이 지닌 풍자성, 고급과 저급의 한계를 뛰어넘는 수용성, 재치와 해학으로 넘쳐나는 재미, 그리고 기운생동하는 에너지로 무장한 퍼포먼스, 누구나 쉽게 어우러질 수 있는 보편성이 아닐까. 짐작하겠지만, 지금 열거한 이런 내용들은 흔히 우리의 옛 그림을 논할 때 나오는 말들이다. 그림뿐만 아니다. 한국에 있는 광대문화는 어떤가.

광대가 마당(무대)에서 신명나게 놀음을 하면, 관객들은 광대의 구령과 춤사위에 맞추어 함께 어우러진다. 그 광대가 때로는 임금의 역할을 하기도 하고 양반의 역할을 하기도 하며, 남자 광대가 여성을 흉내 내기도 하지만, 그에 해당하는 어느 누구도 기분 나빠 하지 않는다. 이 수준 높은 비판과 수용력 속에 한껏 멋을 담아 부채질 한 번, 춤사위 한 번, 그리고 질펀한 농 한 번… 이렇게 대중이 되어가는 것이 광대문화이고, 우리 민족이 틈만 나면 했던 '퍼포먼스'였다.

이 대목에서 너무나도 유명해진 가수 '싸이' 이야기를 안 할수가 없다. 그가 연일 갱신하고 있는 유튜브 조회 신기록은 위에서 말한 광대문화와 비판의식이 어우러진 퍼포먼스가 있었기에 가능한 것이다. 그러나 〈강남스타일〉이라는 노래와 춤 속에 담긴 그것을 후속작인 〈젠틀맨〉이 이어가기에는 역부족이었다. 그냥 클럽음악 같다는 호사가들의 말은 그냥 흘려 들어서는 안 된다.

〈강남스타일〉이 지닌 쉬운 멜로디와 춤사위는 철저히 대중을 향하고 있음과 동시에 우리 시대 강남 부자들에게 뭔가 던지는 메시지가 있다. 그렇다고 그 메시지가 과한 것도 아니다. 우스꽝스럽지만 희화된 비판의식으로 무장한, 꽤나 수준 높은 패러디였던 셈이다. 강남 사는 오빠들조차도 불러대고 따라 춤췄던 것은, 앞서 말한 조선의 그 모습과 흡사하다. 조선의 어정쩡한 양반들이 선비인 양 해대는 폼이나 강남스타일로 무장한 오빠들이나 거기서 거기인 것이다.

〈강남스타일〉의 성공에 힘입어 등장한 〈젠틀맨〉 역시 쉬운 멜로디와 춤사위를 담고 있는데, 아쉽게도 패러디적인 요소에서는 실패한 듯하다. 그 수위 조절이 아쉬운 것이다. 특별할 것 없는 '젠틀맨'의 장난으로 시작되어 그렇게 끝나고 마는 이야기 속에는 통렬함도 없고, 풍자도 없다. 슬랩스틱 코미디로 가득 차 있는 뮤직비디오는 오히려 눈살을 찌푸릴 정도의 격함만 느껴질 뿐이다. 〈강남스타일〉의 형식만을 그대로 유지한 채 보다 '센' 퍼포먼스로 무장한 것이다. 아쉽다. 우리 선조들이 강조했던 '형식'과 '내용'으로 승화한 진정한 광대문화를 '싸이' 특유의 퍼포먼스로 표현했더라면 연타석 홈런이 가능했을 텐데 말이다. 형사와 신사가 있어야 좋은 그림인데, 형사만 있으니 썩 잘 그렸으나 좋은 그림은 되지 못하는 것이다.

김홍도가 그린 〈무동〉에는 음악을 하는 직업군이 등장한다. 그런데 그림 속 연주자들의 복색이 다양하다. 어떤 이는 연주복을 갖추었으나 어떤 이는 중인들이 쓰는 갓을 쓰고 있고, 어떤 이는 양반의 갓을 쓰고 있는 모습이다. 이들이 함께 어우러져 제각각 악기를 다루고 흥에 겨워 있다. 양반인지 중인인지 모르겠으나, 그림 속 그들에게는 신분의 귀천이 없다. 소재만 다를 뿐 구도나 내용이 같은 그림 〈씨름도〉에서는 중앙에 씨름을 하는 두 사람 주위에 둘러앉은 사람들이 보이는데, 좌측 위에 다소곳이 앉아 있는 양반들이 보이고 우측편 위에는 평민들이 앉아 있다. 아랫부분에 보이는 이들은 구경꾼들이고, 위에 있는 이들은 씨름선수들이다.

씨름판이 열렸는데, 양반과 평민이 서로 대결하는 모습이지 않은가. 그리고 보니 중앙에 씨름하는 두 선수 옆에는 벗어놓은

무동(舞童)

김홍도, 종이에 담채, 27×22.7cm, 국립중앙박물관

조선의 르네상스

씨름도

김홍도, 39.7 x 26.7cm, 국립중앙박물관

조선 르네상스의 힘은 '대중'이었다.

신발이 있는데 하나는 짚신이고, 하나는 비단인지 가죽인지는 모르겠지만 제법 좋은 신발이다. 씨름하는 사람 중 한 사람은 발목대님을 갖추었으나 한 사람은 갖추질 못했다. 이 역시, 양반과 평민이 함께 살을 맞대고 대결하는 것임을 알 수 있게 하는 부분이다. 조선사회는 반상에 따라 제각각의 역할로 사회를 이끌어가지만, 또한 이렇게 한데 어우러져 놀 수 있는 제법 그럴싸한 사회임이 여실히 드러나는 그림이다. 평민과 뒤섞이는 것이 부끄러웠는지 부채로 얼굴 가리고 앉아 있는 저 양반님, 빼꼼이 내다보는 눈빛은 또 얼마나 진지한가. 에이, 이 양반아!

이때 조선에는 위항(委巷)시인들이 등장한다. 이들은 대체로 중인계급의 지식인들로 직업도 의원, 외교관, 화원, 상인 등 다양하다. 이들은 대부분 인왕산 자락에 모여들어 마음 맞는 이들과 함께 시문학동호회를 결성하고, 날을 정해 주기적으로 만나 시를 짓고 낭송하며, 품평회를 열기도 했다. 이러한 동호회에도 여지없이 지체 높은 양반들이 등장한다. 그들은 함께 어울렸으며, 함께 시를 지었고, 함께 술잔을 기울였다. 추사 김정희와 그의 제자 이상적의 관계는 널리 알려져 있는데, 이상적은 역관, 즉 외교관이며 중인이었다. 앞서 서술한 바 있는 추사의 〈세한도〉에 대한 사연을 떠올려 보면, 추사와 이상적의 개인적 관계를 넘어, 당시 문화로 공동체를 형성했던 조선 르네상스의 힘을 보여준다.

세한도

김정희, 국보180호, 종이에 수묵 23.7x61.2cm 개인 소장

이상적은 추사보다 18세 연하의 중인이었다. 김정희는 계급
의 장벽을 넘어 재능 위주로 제자를 길러냈으며, 이상적도 그중의
한 사람이다. 이상적은 중국어 역관으로 12번이나 중국을 드나들
었는데, 청나라의 문인 16인과 같이한 자리에서 〈세한도〉를 내보
였다. 그들은 김정희와 이상적 두 사제 간의 아름다운 우의에 감
격하여 송시(頌詩)와 찬문(讚文)을 썼으며, 이상적은 이것을 모아
10m에 달하는 두루마리로 엮어 유배지의 스승에게 보냈다. 당시
의 교통편을 고려하면 시간이 얼마나 흘렀을까.

유배생활의 팍팍한 실상을 보여주듯 각기 다른 종이 세 장을
덧붙여 그려준 그 〈세한도〉가 10m가 넘는 두루마리로 다시 되돌
아왔다. 이를 대한 추사의 마음이 어떠했을지 어찌 쉽게 이야기할
수 있겠는가. 공무원이었던 이상적이 유배지의 김정희와 교류하
는 것은 웬만한 용기로 할 수 있는 일은 아니다. 그럼에도 이러한

교류가 가능했다는 것은, 그들의 우애가 단순한 스승과 제자로서의 인연을 넘어서는, 문화공동체로서의 깊은 믿음과 동료의식이 있었기 때문일 것이다.

'칠칠이 최북(1712~1786)'이라는 화원이 있었다. 그는 스스로 호를 '호생관(毫生館)'이라 지었는데, 붓으로 먹고사는 사람이라는 뜻이다. 전형적인 직업 화가였던 그는, 자신의 이름인 北자를 둘로 나누어 七七이라고 하기도 했다. '칠칠치 못한 놈'이라고 할 때 그 '칠칠'이다. 딱 '칠칠' 만큼인 셈인데, 그의 삶이 예사롭지 않다. 애초 그는 왕실의 화원으로서 조선통신사의 일원으로 일본까지 갔으며, 그의 그림은 일본의 장사꾼들이 다시 조선 땅을 찾아오게 할 정도로 유명해졌다. 그런데 그가 도화서를 스스로 박차고 나와버렸다. 내키지 않으면 그림을 그리지 않는 '호생관'이라니 참으로 기이하다.

어떤 이가 산수를 그려 달라고 하면, 산은 그리고 물을 그리지 않고서 하는 말이 "종이 바깥이 모두 물"이란다. 또 왕족인 서평공자와 종종 바둑을 두기도 했는데, 자꾸만 물러 달라고 하자 바둑판을 엎어버린 일화도 있다. 어느 날 지체 높은 양반이 그림을 그려 달라고 조르자 "흥이 나지 않는데 어찌 그림을 그리겠냐"고 자신의 눈을 찔러버려 애꾸가 된 사연은, 빈센트 반 고흐가 자신의 귀를 자른 것과 닮았다. 칠칠이 최북의 초상화를 보면, 정말

귀를 자르고 난 뒤 붕대를 감고 있는 빈센트 반 고흐의 자화상과 느낌이 너무나 흡사하다.

문화예술은 어떤 특정 목적과 기획에 쉬 자리를 내어주지 않는 법이다. 최북의 이런 삶의 태도는 조선 르네상스의 힘을 보여 준다. 그것은 바로 대중성으로, 이 대중성은 남이 시킨다고, 누군가 방향을 잡는다고 그리 흘러가는 것이 아니다. 조선의 르네상스는 진정 즐기고 향유하는 이들이 함께 만들어내고 나누었던 거대한 문화운동이다. 거기에는 돈도 권력도 개입하지 않는다. 다만 개인으로 존재하든 공동체로서 존재하든, 멋과 취미를 담아 만들어낸 '대중성'만이 있을 뿐이다.

그들이 즐기던 대중적 취향은 의외로 매우 낭만적이다. 갓 쓰고 책만 읽을 줄 알았는데 전혀 그렇지 않다. 추운 겨울을 이겨낸 매화에 꽃봉오리가 맺히면, 친구들을 불러 작년 담가두었던 술항아리를 열고, 시를 짓고 그림을 그리는 이 조선 로맨티스트들의 모습은 상상 그 이상이다. 이들은, 달밤에 봐야 운치를 더할 것이라는 생각에, 달이 뜨지 않으면 대접에 물을 받아 얼려서 둥근 달 모양의 얼음 전등갓을 만들어 방안에 비친 가짜 달빛에 매화를 감상했다. 그림에도 서예에도 조예가 깊었지만 자신들이 지은 시에 김홍도를 청하여 표지 그림을 그려 책으로 엮었으며, 여행을 가게 되면 평소 즐기던 그림을 둘둘 말아 봇짐에 꽂아 들고 다니며 감

조선 르네상스의 힘은 '대중'이었다.

자화상

빈센트 반 고흐

崔北先生肖像

최북 초상

작자 미상, 개인 소장

조선 르네상스의 힘은 '대중'이었다.

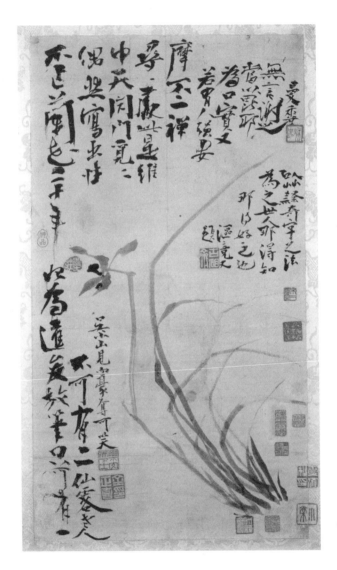

불이선란도(不二禪蘭圖)

김정희, 1855년경, 종이에 수묵, 55 x 31.1cm, 개인 소장

죽하맹호도(竹下猛虎圖)

김홍도, 리움미술관

조선 르네상스의 힘은 '대중'이었다.

상을 멈추지 않았고, 경치 좋은 곳에 이르면 그 그림 꺼내들고 시 한 수 지어 그림 속에 그림과 어울리는 글씨체로 남겨두고는 어김 없이 낙관을 찍었다.

우리의 옛 그림이 두루마리인 것은 어찌 보면 당연하다. 큰 벽에 벽화로 남겨둔다면 그 공간을 벗어나면 바로 감상할 수 없는 것이니 말이다. 그림과 글이 한데 어우러지고, 세월이 지나 또 다른 흥취가 돌으면 그 흥취를 덧대어 그리거나 쓰기에 주저함이 없 다. 추사 김정희의 〈불이선란도〉를 보면 잘 이해될 것이다. 제 각 각 다른 글씨체로 다른 날 가첨했다는 것을 쉽게 짐작할 수 있다. 그때마다 낙관을 다 찍어 복잡하거나 지저분해질 법도 한데, 그림 과 글과 낙관이 참 잘도 어우러져 있다. 〈죽하맹호도〉(김홍도, 임 희지 합작)에서 보여지듯이 대나무를 잘 그리는 이가 대나무를 그 리고 나면 그 어정쩡한 공간에 호랑이 한 마리가 들어선다. 이처 럼 어우러지는 그림을 그려 넣을 줄 아는 이들이 만든 문화야말로 왕족과 평민이 어우러져 하나의 문화를 향유하는 '대중문화'일 터 이니, 가히 '조선 르네상스'라고 부를 만하지 않은가.

조선 르네상스에는
전형적인 '스타일'이 없었다

이탈리아 르네상스는 1427년, 마사치오(1401~1428)가 〈성 삼위일체〉를 그린 이후 원근법에 흠뻑 매료된 채 그 서막을 연다. 원근법은 이탈리아 르네상스가 이전 시대인 중세보다 대상의 객관적 재현에 대한 자유를 가져다주는 방식이었다. 3차원의 공간과 그 공간에 놓여 있는 사물을 2차원인 평면에 옮기는 일은 대상을 얼마나 실제감 있게 재현할 수 있느냐의 문제이기도 했다. 중세의 미술은 종교를 위해 최소한의 장식으로 꾸미는 역할이었기에 대상에 집중해서 대상을 그대로 옮겨낼 필요가 없었지만, 이제 대상 그 자체에 주목하게 된 것이다.

이러한 관점의 변화는 미술의 스타일에 큰 변화를 주었으며, 주관성을 표현하는 것에서 객관성을 표현하는 방향으로 바뀌었다. 이제 미술의 목적은 대상의 완벽한 재현에 있었다. 이 '완벽한

성 삼위일체

조반니 마사치오, 667X 317cm,
이탈리아 피렌체 산타 마리아 라벨라 성당

재현'이라는 것은 신 중심의 세계관에서 인간 중심의 세계관으로의 변화를 의미함으로써 르네상스 스타일을 구축하였다. 그래서 르네상스를 '인간성의 부활'이라고들 하는 것 같다.

인간의 눈으로 현실세계를 들여다보면, 상징이나 추상의 방식으로 대상을 그려내는 일은 실제감이 없다. 이 실제감이라는 것은 영어 단어 'real'에서 나온 말일 텐데, 이 말이 정확히 뜻하는 것, 즉 리얼은 대상 그 자체가 아니다. 리얼은 '대상과 아주 닮아 있는 가짜'라는 말도 내포하고 있는 것임을 기억할 필요가 있다. 이상 혹은 관념의 세계에서 벗어나, 실제의 삶과 현실세계의 모습에서 대상을 인지하고 표현하고자 하는 르네상스의 노력은, 한편으로는 원근법의 발전으로 성공한 듯하지만 다른 한편으로는 그 스스로 실패한 것을 인정하는 셈이다.

마사치오가 그린 〈성 삼위일체〉의 천장 배경에서 격자무늬는 화면에서 멀어지면서 점점 작아진다. 그래서 정사각형인 천장무늬가 마치 직사각형 모양으로 보인다. 이로써 사물과 공간의 깊이감, 거리감을 나타내는 데는 성공했다. 그러나 실제의 천장이 직사각형 모양은 아니다. 그것은 보는 이들의 눈을 속이는 것이며, 대상을 왜곡한 것이다. 원근법이 미술의 역사에서 기여한 공은 지대하지만, 수많은 예술가들이 이 원근법에서 벗어나기 위해 노력한 것도 사실이다. 그 이유는 분명하다. 대상을 사실적(real)으로

조선 르네상스에는 전형적인 '스타일'이 없었다.

표현하려는 것은 어찌 보면 거짓이고 속임수이다. 이 눈속임 그림이 대상의 본질을 왜곡시킬 수도 있기 때문이다.

그리하여 후에 세잔느는 다초점의 방식으로 〈생 빅투아르 산〉을 그렸으며, 정물을 그릴 때도 다양한 초점을 활용하였다. 또한 피카소는 이를 더욱 발전시켜 '큐비즘'이라는 스타일을 완성했다. 시점에 따라 제각각 다른 모습을 지닌 사물들은 3차원의 공간 속에 놓여 있으며, 사물 자체가 공간을 점유하고 있다. 때문에 이를 2차원적인 평면에 옮기려면, 그 다양한 시점들을 한군데로 모을 필요가 있었다. 그러기 위해서는 원근법에서 벗어나야 한다. 원근법은 카메라와 마찬가지로 하나의 초점을 정해두고 사물을 재현하는 것이니 말이다. 그렇게 3차원인 큐브덩어리를 풀어 해체한 방식이 바로 '큐비즘', 즉 입체파이다. 그들은 단순 눈속임으로 그럴싸하게 사물을 재현하는 것보다, 사물의 진정한 내면과 본질을 나타내는 것이 예술가의 임무라고 생각한 것이다.

서양미술의 양식적 역사는 이러한 방식의 반복이라고 해도 과언이 아니다. 외형을 사실적으로 드러내는 것이 사물의 진짜 모습을 재현하는 것이라고 믿는 쪽과 외형을 포기하더라도 그 사물이 지니고 있는 고유성을 상징화, 추상화를 통해 드러낼 수 있다는 쪽이 당시의 시대정신과 맞물리면서 반복되어온 것이다. 여기에 대상을 대하는 개개인의 시선, 즉 그 대상이 주는 인상과 느낌

생 빅투아르 산
폴 세잔느, 1902~1904, 미국 필라델피아 미술관

을 표현하는 방식이 더해져 인상주의와 표현주의로 양식적인 변화를 가져오기도 했다.

　다시 이탈리아 르네상스 초기의 마사치오로 돌아가보면, 원근법이 추구한 객관적인 대상의 재현이 가져다주는 시점의 변화는, 분명 신에서 사물을 바라보는 인간에게로 옮겨온 것이 분명

조선 르네상스에는 전형적인 '스타일'이 없었다.

하다. 다만 이 객관성이라는 것을 표현하는 대상이 여전히 기독교가 제시하는 주제들이었으므로, 그 스스로 모순을 지니고 있는 점도 분명하다. 더욱이 그들이 되돌아가고자 했으며 양식적인 모범으로 삼았던, 그리스 고전기 미술들의 모델이 결코 현실세계에는 존재하지 않는 이상적인 신체를 지닌 신들이었으므로, 이탈리아 르네상스 예술가들은 처음부터 한계에 직면할 수밖에 없었던 것이다.

이 시기에 회화와 조각 분야가 서로 경쟁하며 서로 보다 상위한 예술이라고 주장하기에 이르는데, 그 배경에도 이와 같은 논리가 깔려 있다. 회화는 대상을 재현함에 있어서 원근법이라는 과학적이고 수학적인 방식을 사용하며, 이는 하등한 노동과는 차원이 다른 학문적인 지평에 이른다는 주장으로 조각보다는 회화가 상위한다고 주장했다. 그런가 하면, 재현하는 대상이 3차원 공간 속에 있으므로 공간을 점유하는 조각이 보다 실제감 있는 재현이라는 주장도 있었다. 그러나 이 모든 논쟁이 끝나갈 무렵, 신 중심의 세계관이 인간 중심으로 바뀌고, 인간 중심이라는 범주에 개인이 등장하면서 대상이 지닌 고유한 외형보다도 그 대상을 바라보는 개인의 관점이 중요해졌다. 그 개인의 관점에 따라 동일한 대상이라도 다르게 보일 수 있다는 것을 인지하기 시작하자, 이탈리아 르네상스는 위기에 봉착한다.

가톨릭 세계의 지도자들에게 개인의 취미 판단을 인정하는 일은, 본인들의 기득권을 내려놓는 것과 마찬가지였으므로 쉽게 용인할 수 있는 문제가 아니었다. 그러므로 이 르네상스가 살아남을 수 있는 돌파구는 교황청이 있던 그 지역을 벗어나는 길밖에 없었다. 따라서 이후 르네상스가 북유럽을 중심으로 전개된 점은 당연한 역사적 귀결인 것이다. 개인의 취미 판단을 용인하는, 종교개혁 이후의 개신교 세력이 있는 곳에서의 예술 활동이 보다 폭넓고 자유로운 주제를 구현할 수 있기 때문이다.

객관적이고 과학적이며 합리적인 르네상스의 양식적 스타일은, 암흑기라 칭할 만큼 중세 1천여 년간 억눌려 있던 예술 활동에 불을 붙였고, 가히 폭발적인 예술 창작으로 이어졌다. 물론 그 이면에는 지나치게 한쪽으로 치우친 경향도 분명히 보인다.

조선 지식인들이 성리학을 사회이념으로 받아들이고 난 후, 조선에서의 성리학은 중인 계급을 중심으로 민중들의 삶 속에 깊숙히 스며들었다. 조선 성리학이 사회지도층의 기획에 의해 만들어진 인위적인 측면도 분명 있지만, 조선사회 전체의 이념으로 만들고 시대정신을 형성하는 데 조선사회의 신분체계는 방해가 되지 않았다. 그 이념 자체가 대중을 위한 지도층의 모범을 담고 있기 때문이다. 게다가 조선 성리학은 이념에 머물지 않고 정치, 경제, 사회, 문화, 예술에 이르기까지 다양한 실제적 적용으로 이어졌다.

중국의 성리학과 조선 성리학이 근본적으로 다른 점은 바로 이 '실생활에의 적용'인데, 이것이 가능했던 것은 한반도에 터 잡아 살고 있는 사람들이 애초에 가지고 있었던 특별한 세계관 때문이다. 하늘에서 온 관념적이고 이상적인 존재가 이 땅의 백성들과 하나가 되어 국가를 만들고 역사를 시작한 것(단군신화)은 단순한 신화 이상의 의미가 있다. 이 내용은 결국, 이상세계와 현실세계의 조화이며 결합이다. 이것은 주관과 객관 모두를 아우르는 세계관이며, 현실세계에 살고 있되 현실세계 너머의 존재와 작용에 대한 인식이 동시에 가능하다는 것을 의미한다.

대상의 겉모습에서 내면을 발견하는 일은 당연하다. 1차적으로 그 대상을 인지하는 것은 오감의 감각기관을 통해서이고, 그중에서도 일반적으로는 시각에 의존한다. 따라서 대상의 진면목을 발견하려는 노력은 첫 대면에서 시작된다고 할 수 있다. 얼굴을 통해 그 사람의 내면을 들여다볼 수 있다고 믿었다는 것은, '얼굴'이 '얼이 담긴 굴레'에서 온 말이라는 데서도 유추할 수 있다. 눈동자와 수염 한 올이 그 사람의 인품과 내면을 드러낸다고 믿었기에, 왕의 어진을 그리며 그토록 사실적인 기법을 동원함과 동시에 몸과 마음을 정결하게 하는 의식 또한 요구되었던 것이다.

겸재 정선이 진경산수화를 선보인 이래, 조선의 화원들은 진경을 대하지 않으면 그림을 그리지 않았다. 그것은 사물의 외형을 그대로 닮게 그리는 능력이 매우 중요하였음을 의미한다. 앞서 이탈리아 르네상스에서 '사실적'이라는 말은 사실은 사실이 아님을 내포한다'는 말장난 같은 이야기를 언급한 바 있다. 조선 르네상스에서도 이와 비슷한 말이 등장하는데, 그것이 바로 '진경(眞景)'이다. 풀어 말하면 '진짜 경치', '진짜 대상'을 의미한다. 이 진짜 대상을 마주하고 진짜로 그림을 그리는 일은 무엇을 의미하는가. 그것은 외형적인 의미의 진경을 그림과 동시에 그 대상의 내면이 지니고 있는 진경을 그리는 것을 의미한다. 그 사람을 마주 대하고서야 그 사람이 지닌 인품과 '아우라'를 느낄 수 있고, 그래야 그것을 그림에 담을 수 있으므로, 진경이 주는 의미는 서양의 '객관적' 또는 '사실적'이라는 말과는 의미가 다르다.

겸재 정선의 진경산수화 중 〈금강산전도〉를 살펴보자. 정선은 분명 금강산에 있다. 그리고 그곳에서 그림을 그린 것도 분명하다. 그래서 그 금강산의 풍광은 지금의 모습 그대로이다. 그런데 그 금강산을 바라보고 있는 정선의 눈높이가 의심스럽다. 정선은 금강산 전체의 모습, 그리고 그 절경의 아름다운 조화와 보는 이의 감흥을 한 폭 그림에 담기 위해 부감법을 이용하여 사물을 일부 왜곡시킨 것이다. 그 결과, 사물의 외형을 그대로 간직하면서도 그 내면의 모습을 표현하는 데 성공했다. 세잔느가 〈생 빅투아르

조선 르네상스에는 전형적인 '스타일'이 없었다.

산〉을 여러 방향에서 본 모습으로 그린 것과 비교하면, 겸재의 방식은 오히려 새롭다. 여러 방향에서 본 모습을 동시에 그린다는 것은 비단 공간의 문제뿐 아니라 시간의 문제도 있다. 여기에서 저기로 옮겨 다니는 그 물리적인 시간 말이다. 그 시간만큼 공간이 이동하는 것이고, 그만큼 다른 각도가 형성된다. 다양한 모습이 하나의 그림에 등장한다는 것은, 그만큼 많은 시간을 사용했다는 의미이기도 하다. 그래서 그의 그림은 일그러져 있다.

피카소의 큐비즘 역시 이 '시간'의 문제를 해결하기 위해 고안된 방식이었는데, 이 방식의 그림은 자칫 그림을 감상하는 이가 그 대상을 알아보지 못하는 결과를 초래한다. 사실 이것은, 필자의 전작인 『미술이 쓴 역사 이야기-미술이 그린 보이지 않는 세상』에서 밝혔듯이, 아인슈타인의 상대성이론이 미술에서 사용된 예이다. 그래서 현대미술이 어렵다고들 한다. 작가 개인이 느끼는 바대로이거나 보는 이 마음대로 느끼라는 현대미술 감상법은 얼마나 무책임한 말인가.

겸재도 꽤 많은 시간을 금강산 구경에 할애했을 것이며, 그 장면 장면들을 그의 마음과 뇌리에 각인시켰을 터이다. 그리고 금강산이 한눈에 내려다보이는 곳에 이르러 붓을 들었을 때, 그는 그림을 통해 금강산을 마주 대할 사람들이 떠올랐을 것이다. 그림이 완성된 다음 그는 낙관을 찍는다. 그것은 그곳에 자신이 있었다는 징표이다. 그렇게 금강산을 둘러보았고, 그 경치를 이렇게 그림으로 옮겨 놓는다는 자신감인 것이다. 이것이 겸재의 '진경'과 서양의 '사실적'인 그림의 차이이다.

기진자사(基眞自寫)! 진짜를 베낀다는 조선 르네상스의 원칙은 '진짜처럼', '사실적으로', '객관적으로'가 아니다. 진짜를 복사해 옮겨 놓음으로써 복사된 것에는 원본이 지닌 진짜 모습이 있는 것이다. '~처럼', '~적으로'라는 그 말을 빼버려야 조선 르네상스의 방식에 가깝다. 그래서일까. 우리나라에는 불상과 일부 토우들을 제외하고는 서양과 같은 조각이 거의 전무하다. 대상을 공간에 가져다 놓고서 똑같다고 할 필요가 없기 때문이 아닐까. 석공·목공·도공이 존재하지 않은 것도 아니며, 금속공예가 없었던 것도 아닌데, 일부 종교적이거나 제의적인 목적 이외에 인체를 실감나게 묘사한 조각이 없다. 이는 조각이 진짜를 대체하는 것은 아니라는 합리적인 생각이 그 뒤안에 배어 있었기 때문이리라.

이렇게 생각하면, 서양의 방식으로 제작된 조각들은 진짜를 복사한 가짜라는 논리가 성립된다. 하여 우리 선조들은 오히려 그런 공간에 탑을 놓고, 건축물을 조형적으로 장식함으로써 현실 공간에 관념세계를 구현하여 공존하는 방식을 택한 것이다. 사물에는 그 사물 본래의 기운과 작용이 있으며, 외적인 모습 속에는 그러한 본래의 정신이 깃들어 있다. 그것은 눈에 보이지 않지만 현

조선 르네상스에는 전형적인 '스타일'이 없었다.

실세계의 물성에 작용한다. 이런 생각은 바로 '理가 氣와 함께 공존한다'는 조선 성리학의 이념과 다르지 않다.

조선 르네상스의 양식상 특성은 '진경'이라고 말할 수 있다. '진짜를' 혹은 '진짜로' 바라본다는 것은 현실세계의 객관적 합리성을 담보하는 동시에, 피안의 세계에 존재하는 존재와 그 작용을 인지함과 같다. 예컨대 이상의 세계만을 동경하는 것은 현실적이지 않으며, 그렇다고 눈에 보이는 것만이 전부는 아니라는 생각이 담겨 있는 것이다.

서양에서 칸트 이후의 인식론적 전환을 일컬어 '코페르니쿠스적 전환'이라고 표현한다. 그것은 칸트가 말한 '개인의 취미 판단이 대상이 지닌 본래의 모습을 규정한다'는 관점의 전환을, 마치 우주가 지구 중심으로 돈다는 전근대적인 생각에서 벗어나 지구가 태양의 주위를 돌고 있다는 발견과 동일선상에 놓는다는 의미이다. 이러한 패러다임의 전환은 인류의 발전에 크게 기여한 바 있으며, 매우 합리적인 판단이었다.

한편 조선 르네상스에서는 철저하게 개인의 시각에 의존하면서도 사물의 이치를 통해 우주 만물의 이치를 발견할 수 있다는 패러다임을 보여준다. 특히 조선의 르네상스를 이끌었던 이들은 신분 고하를 떠나 지식인들이었으며, 그들은 자신들이 알고 믿었던 지식을 예술을 통해 실현하는 일을 즐겼다. 그들에게 시 · 서 · 화는 학문의 또 다른 표현 양식이며, 이념의 표상이었다. 그들은 예술을 통해 시대정신을 표현하고 공유하는 데 주저함이 없었다. 조선 성리학은 사물의 참된 모습을 찾고자 하는 의지로 이어져 현상과 실재를 동시에 담아내는 고급한 이미지를 연출했다.

그들에게 그림을 그린다는 것은 그리움을 그리는 것이 된다. 우리말로 어떤 대상에 대한 '그리움'의 준말이 '그림'이다. 그것은 그 대상에 대한 피안적인 실체를 그림으로 나타낸다는 의미가 된다. 단순히 대상의 외형만을 닮게 그리는 것으로는 이룰 수 없는 경지가 바로 우리말 '그림'이 지닌 본래의 의미인 것이다. 그들은 이상과 이념, 그리고 지식을 그림으로 표현하고 시를 지었으며, 글이 지닌 의미를 글씨체로 반영하는 서예를 남겼다. 이렇게 남겨진 작품들은 특정인들의 예술 행위 이상의 의미와 역할을 해왔다. 그것은 하나의 트렌드를 형성했으며, 문화가 되었다. 조선 르네상스인들의 예술 활동은 조선사회 전체로 이어지는 하나의 문화를 형성하게 된 것이다. 이처럼 문화로 형성되어 그 시대 전체를 반영한다는 점에서도 이탈리아 르네상스와 차이를 보인다.

당시 사대부들이 이룬 사회는 우리 내부의 진리 발견, 우리의 재발견을 통해 가장 한국적인 모습을 찾고자 하는 노력으로 이어졌다. 이러한 생각은 화려한 수입(중국) 자기 혹은 고려청자 대신 간결하고도 기품 있는 백자문화를 만들어냈다. 당시만 해도 중국의 도자기(CHINA)는 중국을 일컫는 'CHINA'가 될 만큼의 인지도가 있었다. 이러한 상황 속에서, 그 뿌리가 중국에 있었음에도 불구하고 성리학을 우리의 이념으로 만들어낸 것처럼, 조선 특유의 백자문화를 형성한 점은 고무적인 일이다.

조선백자는 조선, 아니 이 땅의 선조들이 애초부터 지닌 이념이 배어 있는 간결하면서도 기품 있는 양식적 특성을 보인다. 이를 단순하고 소박하다고만 하면 곤란하다. 그 속에 담긴 세련된 정제미는 화려한 겉치장이 거추장스러운 것이다. 그러면서도 상징적 의미를 지닌 다양한 형태의 문양을 과하지 않게 새긴 것을 보면, 조선백자의 멋을 한마디로 쉽게 정의 내리기는 어렵다. 유연한 선의 흐름에서 절제하는 가운데서도 내면의 힘을 담고 있는 조선 선비의 모습을 발견할 수 있으며, 동시에 조선 왕조의 위풍당당한 기품을 발견할 수 있다. 아울러 단순한 백자의 모습 속에서 백성의 생활 곳곳에 스며들어 있는 시대정신마저도 보인다.

선비들이 사용했을 저 연적은 어떤가. 새하얀 연적은 물을 담는 그릇이다. 그런데 도무지 그릇에 물을 담기가 어렵다. 물을 담았다고 치자. 이번엔 그 물을 벼루에 부어야 할 텐데 이마저도 쉽지 않을 것 같고, 자칫 손에서 놓칠 것만 같은 생김새이다. 조선백자가 단순 간결하다면, 그 쓰임도 단순하고 편리해야 하지 않을까. 그런데 연적의 모양새가 그 쓰임과는 별개이다. 예쁘기만 한

백자 – 무릎 모양 연적
국립중앙박물관

이 연적을 어떻게 사용했을까.

갓을 쓴 조선의 선비가 긴 도포자락, 특히 소매부분이 축 늘
어진 옷을 입고, 벼루에 먹을 갈고 있는 상상을 해보면 재미있는
모습이 떠오른다. 한쪽 손으로 소매자락을 걷어 받치고 먹을 갈
고 있는 폼은, 먹을 아주 정성스레 갈고 있는 모습으로 비칠 것이
다. 연적의 물을 벼루에 더할라치면 이 역시 매우 불편한 상황이
연출된다. 그렇게 먹 갈기가 끝나면 선비는 붓을 집어드는데, 이

조선 르네상스에는 전형적인 '스타일'이 없었다.

때도 소매를….

조선백자는 단순하지 않다. 그 속엔 이념이 깔려 있으며, 멋스러움이 담겨 있다. 그래서 때론 조금의 불편함쯤은 감수해야 한다. 이렇게 멋부리는 것을 즐긴 민족이 바로 우리의 선조들인 것이다. 매화 감상을 위해 지기들을 모으고 술독을 열며 시를 쓰는 사람들, 자신보다 낮은 신분인 사람에게 그림을 부탁하고 학문을 전수하며, 더 낮은 이들이 마당놀음으로 자신들을 비판하는 일을 수용하던 사람들, 그렇게 합리적이며 개방적인 사람들이 또 한편으로는 생활의 불편함을 스스로 감수하며 멋을 선택했던 것이다.

어느 기사에서 조선을 방문한 서양인들이 조선을 일컬어 '모자의 나라'라고 했다는 것을 본 적이 있다. 신분에 따라 갓의 크기와 모양이 다르고, 평상시에 쓰는 갓과 관복을 입었을 때의 갓이 다르고, 날씨와 용도에 따라서도 그 모양이 다르니, 그네들이 봤을 때 '조선은 모자의 나라'가 맞는 셈이다. 그런데 그것도 어찌 보면 멋이다. 드라마에서 종종 봤던 왕과 신하들의 혁대는 도무지 그 용도와 거리가 멀다. 어쩜 이리도 양면적일 수 있을까 싶은 조선의 멋쟁이들은, 남자들이 귀고리와 장신구를 너무 즐기다 보니 어명으로 금한 일도 있을 정도이다. 지극히 현실적이면서도 현실적이지 않은 조선의 르네상스인들을 다시 봐야 할 것이다.

앞서도 소개한 바 있지만, 우리나라 최초의 원예서인 『양화

소록(養花小錄)』은 강희안이 직접 화초를 키우면서 알게 된 화초의 특성과 재배법 등을 자세하게 기록한 책이다. 노송, 매화, 국화, 석류화, 치자화, 귤나무 등 모두 17종의 꽃과 나무를 기를 때의 주의점이 7가지 항목으로 구성되어 있다.

실은 이 책에서 인제 강희안은 꽃과 나무의 품격과 상징성을 서술하면서 자연의 이치와 천하를 다스리는 뜻을 함께 담아냈다. '풀 한 포기의 미물이라도 그 풀의 본성을 잘 살피고 그 방법대로 키운다면 자연스레 꽃이 피어난다'는 책의 내용은 단순한 원예서 이상의 가치를 지닌다. 바로 이것이다. 실생활에 유용하게 쓰일 원예서에 조선 성리학의 이념을 담아, 지도부 지식인들이 깨달은 바를 대중에게 자연스레 전수하는 것이다. 모든 사물에 깃들어 있는 '진짜'를 보여주는 이 책은, 조선의 실생활임과 동시에 그들이 추구한 이념을 담고 있다.

한편으로는 돈 좀 있는 조선의 남자들은 그 '진짜'를 드러내기 위해 장신구를 사용했다. 자신의 정체성과 자신만의 개성을 드러내는 일은 타고난 외모만으로는 부족했던 모양이다. 그래서 자신들을 포장하는 유행이 일었고, 이 포장이 속을 감추거나 과장하는 역할임은 말할 나위 없다. 조선 남자들은 장신구를 통해 자신은 이러이러한 사람이라고 '광고'를 했던 것이다. 현대의 우리도 상품을 고를 때, 포장지에서 내용물의 정보를 얻으며, 또 본인

조선 르네상스에는 전형적인 '스타일'이 없었다.

이 기대하는 바를 보지 않는가. 결국 겉으로 드러난 모습은 내용물의 이미지이고 아우라이며, 내용물의 본성을 잘 드러내주는 것이다. 이 목적이 제대로 반영된 포장지 중에는 종종 내용물의 외형적 이미지를 전혀 보여주지 않는 것들도 존재한다. 조선은 속살을 그대로 보여줌으로써 가식 없는 방식을 취하기도 하지만, 때로는 과하게 겉멋을 부려놓음으로써 보잘것없는 외형 이면의 것을 보여주고자 한다.

그래서 조선 르네상스에는 양식적 특성이 하나로 규정되지 않는다. '진경'일 수도 있고, '추상'일 수도 있다. 이 추상이라는 말은 쓸데없는 군더더기 상들을 빼내었을 때 이루어지는데, 조선백자가 그러한 전형을 보여준다. '진경'과 '추상'을 오가며 풍속화와 민화도 등장하며, 안견과 같은 이들은 '초현실주의'라고 칭할 만한 예술세계도 보여준다. 이처럼 자유로운 예술 활동이 보장되고 누구나 즐겼던 조선사회의 '프로슈머(생산자와 소비자의 합성어)'들이 만들어낸 문화운동이 바로 조선 르네상스인 것이다.

우리에게 〈몽유도원도〉로 잘 알려진 안견은 중인 출신의 화원이다. 왕족인 안평대군은 어려서부터 시, 서, 화에 능했다고 알려져 있다. 그런 그가 굳이 자신의 꿈을 안평이라는 화원을 불러 자신의 꿈 이야기를 대신 그리게 한 점은, 당시의 신분사회가 어떠했는지를 짐작케 하는 대목이다. 오늘날과 같이 지적 저작권이

몽유도원도(夢遊桃源圖)

안견, 1447년, 38.7×106.5cm. 일본 덴리대학 중앙도서관

문제시되고 있는 상황에 빗대어 보면 이는 분명 문제가 있는 것임에 틀림없다. 그러나 무엇보다도 〈몽유도원도〉가 지니는 의의는 그림의 발상과 기법 자체에 있다.

꿈 속 이상세계를 그리던 안평대군은 자신의 꿈을 공유하고 소통하기 위한 방법으로 안견의 그림을 택했고, 여기에 덧붙여 그가 꿈 속에서 본 모습을 문장으로 풀어내었다. 뿐만 아니라 자신과 뜻을 같이하는 정치적 동지들에게 그 이야기를 이어가게 함으로써 꿈과 그림, 그리고 텍스트를 결합시켰던 것이다. 그들이 바라보았던 가상현실은 더 이상 가상이 아니라 현실 속에 존재하는 것이 되었다. 그들은 지금도 존재하는 무계정사(武溪精舍)[3]에서 꿈을 논했던 것이다.

조선 르네상스에는 전형적인 '스타일'이 없었다.

우리나라 그림은 일반적으로 오른쪽 위에서 좌측 아래로 내려오는 스토리 전개 방식인 데 반해, 〈몽유도원도〉는 역으로 거슬러 올라간다. 왼편 하단부에서 오른편 상단부로 전개되는 그림 속에는 왼편의 현실세계와 오른편의 도원세계가 대조를 이루고, 또 몇 개의 장면은 따로 독립되어 있다. 그러면서도 전체적으로는 큰 조화를 이루고 있는데, 다양한 구도와 현대 영화의 몽타주 기법이 쓰인 셈이다. 또 왼편의 현실세계는 정면의 모습을 그렸으나, 오른편의 도원세계는 부감법으로 표현되어 마치 세잔느의 그림을 보는 듯하다.

안평대군의 발문을 보면, 안견은 이 그림을 3일 만에 완성하였다고 한다. 그림에는 안평대군의 제서와 시 한 수를 비롯해 당대 20여 명의 고사(高士)들이 쓴 20여 편의 찬문이 들어 있다. 가상현실을 현실로 만드는 것에 주저함이 없었던 안평대군과 안견, 그리고 그들과 함께한 사람들의 마음이 그림 한 장에 담겨 있는 것이다. 따지고 보면, 머릿속의 생각(idea, design)과 그림, 그리고 텍스트를 하나의 작업으로 남겨, 현대 포스트모던 예술이 지니고 있는 모든 요소를 이미 구현해 놓은 셈이다. 마치 모더니즘의 획일

---

3. 서울특별시 유형문화재 제22호. 세종의 셋째왕자인 안평대군(安平大君) 이용(李瑢)의 정자로서, 안평대군이 꿈에 도원(桃園)에서 놀고 나서 그곳과 같은 자리라고 생각되는 곳에 정자를 세우고 글을 읊으며 활을 쏘았다고 한다. 현재는 터만 남아 있다.

화된 제단에 의해 각각의 장르를 지니게 된 그림과 문학, 디자인을 포스트모더니즘이 흐트러트리거나 섞어버리는 모습과 닮아 있다.

포스트모더니즘 예술이 보여주는 모습은 무엇이 포스트모던인지 규정할 수 없을 정도로 다양하다. 이는 포스트모더니즘이 과거 획일적인 모더니즘에 대한 반감에서 출발했기 때문이며, 이 다양성은 이제 융합과 통합의 과정을 거쳐 새로운 무엇인가를 만들어내고 있다. 이러한 포스트모더니즘에서 중요하게 생각하는 것이 바로 '아우라(aura)'인데, 아우라는 이미 그 오리지널리티(originality)를 잃어버렸다. 따라서 원조가 난무하는 어처구니 없는 세상이 된 것이다. 원래 있던 그 무엇을 모방하고 재생산하더라도 '새로운' 원조가 되는 시대가 되었다. 원래의 의미대로라면 이러한 원조들은 죄다 가짜인 셈인데, 우리 사회는 이를 용인하고 있다. 오히려 퓨전이네 새로운 것이네 하며, 다른 의미에서 원조라고 인정해주고 있는 것이 사실이다.

안평은 안견의 그림에서 새로운 원조로서의 아우라를 발견하고 인정했는지도 모를 일이다. 그것은 하나의 대상에 대한 여러 개의 가능성을 용인하는 것이다. real이라는 말에 hyper라는 말을 붙이면 현실을 뛰어넘는 현실이 된다. '현실적이지 않지만 지나치게 현실적인'이라는 말장난이 될 법한 단어이다. 또한 가상현실은 어떤가? '가상이긴 한데 현실'이라는 말 아닌가?

조선 르네상스에는 전형적인 '스타일'이 없었다.

영화 〈아바타〉에서는 주인공이 결국 가상이었던 삶에 실제의 삶을 옮겨 현실을 만들었고, 〈매트릭스〉에서는 가상공간과 현실을 넘나들며 가상의 세계에 맞서 싸웠건만, 알고 보니 현실인 줄 알았던 공간과 주인공의 행동이 가상프로그램이었다. 포스트모더니즘 역시 마찬가지이다. '모더니즘을 뛰어넘는 모더니즘'이라는 말 속에 이미 스스로 모더니즘의 혈육임을 내포하고 있지 않은가.

우리 선조들이 꿈에 그리던 이상세계를 실제 그림으로 그리고, 그림에 텍스트를 포함시켜 하나의 작품으로 만들어 서로 공유하고(몽유도원도는 단순한 그림이 아니다. 그림과 글이 하나인, 세계 역사에서 찾기 힘든 특별한 작품이다.), 그 이상세계를 실제 무계정사라는 곳에서 실현시킨 사실은, 우리의 문화가 지닌 선지적인 측면을 더욱 부각시킨다. 자랑스러운 이 그림이 지금 일본의 한 대학 박물관에 전시되어 있는 것은 참으로 안타까운 일이다. 〈몽유도원도〉는 그냥 그림이 아니다. 안평의 발문과 안견의 그림, 그리고 당대 내로라 하는 20명의 문인이 쓴 찬문이 덧붙여져 있는, 그야말로 hybrid의 원조인 셈이다. 서양 사람들이 포스트모더니즘이라고 부르는 방식을 우리는 이미 조선시대에 구현한 것이며, 가상현실을 현실로 옮긴 아바타의 효시인 것이다.

이처럼 〈몽유도원도〉에는 초현실을 넘어서 존재하는 가상현실이 담겨 있으며, 모던을 지양한 포스터모던의 양식과 닮은 방

소상팔경도(瀟湘八景圖)
안견, 국립중앙박물관

식이 있다. 뿐만 아니라 안견의 〈소상팔경도〉를 보면, 단순히 눈에 보이는 대상뿐만 아니라, 대상 그 이면의 것을 표현하고자 하는 의지를 볼 수 있다.

1첩은 '푸르른 기운'이 감도는 산간 마을 풍경을 그린 산시청람(山市晴嵐), 2첩은 안개 낀 산사에 '풍경소리' 들리는 황혼녘 풍경을 그린 연사모종(煙寺暮種), 3첩은 어촌에 물든 저녁 노을을 그린 어촌석조(漁村夕照), 4첩은 멀리 포구로 돌아오는 배를 그린 원포귀범(遠浦歸帆), 5첩은 소상강에 내리는 밤비를 그린 소상야우(瀟湘夜雨), 6첩은 동정호에 비치는 가을 달을 그린 동정추월(洞

조선 르네상스에는 전형적인 '스타일'이 없었다.

庭秋月), 7첩은 모래밭에 내려앉는 기러기를 그린 평사낙안(平沙落雁), 8첩은 저녁 무렵 산야에 내린 눈을 그린 강천모설(江天暮雪)이다. 여기서 안견은 푸른 기운과 풍경소리, 멀리 기러기 떼 내려앉는 모래 부서지는 소리들과 밤에 조용히 내리는 여우비의 소리를 그림 속에 담으려 했다.

포구에 귀항하는 배와 가을 달, 반드시 저녁 무렵이어야 하는 눈 내린 산야의 모습은, 그 대상이 지닌 외형적인 모습보다는 그 풍경이 주는 아우라를 느끼게 한다. 저녁 무렵이라는 장치는 눈 내린 산야를 적당히 보여줄 만한 빛이 남아 있을 때이기도 하거니와 왠지 모를 쓸쓸함과 아련함이 느껴지는, 말로 설명할 수 없는 묘한 정서를 안겨준다. 특히 안개 낀 산사에서 들리는 풍경소리는 어찌 보면 황당하다. 먼 산사에 조그맣게 그려 넣은 풍경에서 나오는 소리는 정말로 아득하게 들려온다.

최근의 융·복합에 대한 관심만큼이나 안견은 소리 이미지와 그림 이미지를 절묘하게 결합시켰다. 기러기가 주제인데 기러기를 저리도 멀리 작게 그려 넣은 것은 분명 목적이 있는 것이다. 그가 보여주는 대상의 진짜 모습은 이탈리아 르네상스 화가들이 보여주고자 하는 방식과 너무나 다르다. 그러나 그 대상이 지닌 본래의 모습은 충분히 드러내었다. 그것은 사물이 지닌 외형의 충분한 묘사에서 벗어나 있지도 않다. 보이는 대로 그린 것임에 분명하지만, 보이는 것 이상을 보여주고 있는 것이다. 객관성을 유지하면서 주관성도 포기하지 않은, 안견의 양식적 스타일을 무엇이라 칭할 수 있을까.

조선 르네상스에는 전형적인 '스타일'이 없었다.

조선 르네상스는
'다음'이 있었다

1300년대 말에 시작된 이탈리아 르네상스는 피렌체라고 하는 항구도시에서 전개되었다. 1300년대를 뜻하는 '트레첸토'를 지나 1400년대를 뜻하는 '콰트로첸토'에 이르러 성기 르네상스를 열었다. 이 '콰트로첸토'에 우리가 잘 알고 있는 르네상스의 3대 거장이 피렌체에 동시에 나타난다. 그들의 이름은 레오나르도 다 빈치와 미켈란젤로, 그리고 라파엘로이다. 이들은 20~30년의 나이 차이를 두고 서로 경쟁하듯이 예술활동을 펼쳤다.

레오나르도 다 빈치의 경우 회화에 특별한 재능을 보였지만, 그가 평생에 남긴 회화 작품이 30여 점에 불과하니 과연 화가라고 해야 할지 민망한 대목이다. 대신에 그는 수없는 스케치들을 남겼는데, 인체해부도를 비롯한 각종 기계장치들의 설계도면들이다. 이로 인하여 과학계에서는 그를 오히려 과학자로 바라보는 시각도 있는 것이 사실이다. 과학이 추구하는 바대로 레오나르도 다 빈치의 작품세계는 회화성이나 예술성보다는 대상의 객관적인 묘사에 치중했으며, 그로 인해 사진처럼 자연스럽고 사실적인 그만의 화풍이 완성되었다. 그의 그림의 특징은, 대상의 윤곽선은 현실세계에 선으로 존재하지 않으므로, 면의 세세한 분할로 대상의 양감을 최대한 자연스럽게 묘사한 점이다.

미켈란젤로는 레오나르도 다 빈치에 비하면 예술가에 가깝지만, 그는 회화가 지닌 과학적이고 객관적인 접근 방식에 반감을 가지고 있었다. 사물을 객관적으로 베껴내는 것에 그다지 관심이 없었던 그는, 회화보다는 조각에 열의를 지니고 있었다. 그는 돌에서 영혼을 끄집어내는 역할을 자처했던 것이다. 이러한 점에서 오히려 과학적이고 객관적인 방식을 떠나 있는 듯 보인다.

하지만 그 역시 저 유명한 〈다비드〉상을 조각함에 있어서는 달랐다. 작품이 광장의 높은 곳에 놓여질 것을 감안하여, 인체의 윗부분보다는 아랫부분을 작게 제작함으로써 작품을 바라보는 감상자의 입장에서 비례가 완벽해 보이는 방식을 적용했다. 이는 회화에서 사용하는 원근법을 역으로 이용한 것이며, 공간을 점유하는 조각의 분야에서는 획기적인 방식이었다. 의뢰자와 제작자보다는 감상자의 관점을 고려한 이 제작 방식은, 예술작품이 제작자의 손을 떠나 향유 가능성을 관람자인 불특정 다수로 옮겼다는 점

천지창조와 최후의 심판

미켈란젤로, 시스티나 성당

에서 의미가 크다. 이러한 사실은, 미켈란젤로 역시 바라보는 이들에게 사실적이며 실감 나게 보여야 한다는, 이탈리아 르네상스가 추구하는 양식을 따르고 있음을 확인시켜준다.

미켈란젤로는 또한 그의 대표적인 회화작품인 〈천지창조〉와 〈최후의 심판〉에서 레오나르도 다 빈치가 전혀 고려하지 않았던 대상의 윤곽선을 과감히 사용함으로써 큰 차이를 보인다. 그에게 있어 인체의 윤곽선은 인물이 지닌 근육과 골격을 강조하며, 배경에서 금방이라도 뛰쳐나올 것만 같은 역동성을 부여한다. 그래서 그의 그림에서 인물은 과도한 뒤틀림과 근육으로 인해 비현실적이지만, 분명 생생하다. 그는 그리스 고전기의 우락부락한 조각상들을 그림 속에 그대로 반영시킨, 태생적으로 조각가였던 것이다.

라파엘로는 앞선 두 거장의 뒤를 이은 성기 르네상스의 대표 화가이다. 그는 선배 거장들의 방식이 이미 성공을 거둔 이후였으므로 더 이상 새로운 것을 찾을 필요가 없었다. 그러나 레오나르도 방식인지, 미켈란젤로 방식인지에 대한 고민은 필요했을 것이다. 라파엘로는 결국 이 거장들의 장점을 취합해 그야말로 사실적이면서도 생동감 넘치는 르네상스 양식을 만들어냈다. 그가 이룩한 이 스타일은, 르네상스 미술이 한 가지 양식으로 통일됨과 동시에 뼈아픈 정체를 맞게 하는 원인이 되고 만다.

이후의 예술가 지망생들은 이 아카데믹이 제시하는 가이드라

조선 르네상스는 '다음'이 있었다.

인을 따라 수련기간을 거쳐 예술가가 되었으므로, '콰트로첸토' 이후 '친케첸토'라 칭하는 1500년대에는 동일한 양식의 작품들이 쏟아져 나오게 되었다. 똑같은 스타일의 반복은 매너리즘에 빠지게 만든다. 이 마지막 시기를 지나면서 이탈리아 르네상스는 '매너리즘'이라는 미술사에서 뼈아픈 사조를 형성하다 황혼을 맞게 된다. 이 르네상스 열풍은 북유럽의 개신교 국가들로 이어져 바로크를 형성하고, 오늘날 서양미술의 전신이 되었다. 여기서 주목할 점은, 르네상스 스타일이 아니라 예술을 향한 열풍이 북유럽에 전달된 부분이다.

북유럽의 예술가들은 유행처럼 이탈리아의 피렌체를 여행하며 앞선 예술을 체험했는데, 그들은 주제 면에서 이탈리아 사람들보다 자유로웠다. 이는 서구의 종교개혁이 교황청과 거리가 먼 독일이나 프랑스에서 시작된 이유와도 같다. 비교적 자유로웠던 그들의 사고방식은 예술가들이 주제를 선정할 때도 영향을 끼쳤던 것이다. 또한 개인적인 부의 축적에 따라 형성된 신흥 상공업자들은, 막대한 부와 권력으로 정치·경제·사회·문화·예술을 총망라해 독점했던 이탈리아의 후원자들과 달랐다. 그들이 원하는 작품은 보다 실용적이고 현실적이었으며, 보다 개인적이었던 것이다.

그러므로 북유럽의 르네상스는, 비록 남유럽 이탈리아의 르네상스 열풍의 영향을 받았다고는 하지만, 태생적으로 남유럽의 르네상스와는 다르다. 이후에 이탈리아 사람들이 북유럽의 미술을 일컬어 일그러진 진주라는 의미의 '바로크'라는 이름을 붙여준 것은, 자신들이 르네상스라는 진주를 전해주었는데 그것을 일그러뜨렸다는 빈정댐이었으며, 그들 스스로 르네상스의 연결고리에 칼을 갖다대어 단절시킨 것이나 마찬가지이다.

1300년대 말, 조선이라는 나라가 건국된다. 이 조선은 이탈리아 르네상스가 시작될 때와 같은 시기에 건국되었으며, 이탈리아 르네상스가 매너리즘을 겪고 그 주도권을 북유럽에 넘겨준 시점인 1700년대를 기점으로 문화의 전성기를 구가한다. 조선 성리학이 완성되고, 영조와 정조 시대 대동법과 탕평책을 비롯한 사회개혁적인 정책이 효과를 보이면서 그야말로 태평성대한 시절이었다. 우리가 잘 알고 있는 김홍도와 신윤복이 등장하는 시기이기도 하다.

그 때문일까. 한류 드라마에 등장하는 사극의 임금은 대부분 영조나 정조이다. 그만큼 문화적으로 말할 거리, 보여줄 거리가 많다는 것을 반증한다. 사회 전체가 안정되어 있고, 마치 북유럽에서처럼 중산층이 증가한 시기였다. 신분체계에 따른 사회질서도 잘 유지되었으나, 한편으로는 신분 간의 차별보다는 소통과 교류가 그 어느 때보다도 왕성한 시기였다.

이 소통과 교류의 중심에 '중인'들이 있었다. 신분체계에서 이들은 양반과 상민의 중간쯤 되는 계급으로, 이들은 대부분 전문직 (의원, 역관 등)에 종사하면서 본의 아니게 조선의 계급사회를 적절히 조정하는 역할을 하게 되었다. 또한 '상평통보'로 알려진 화폐가 통용되기 시작하고, 농업 생산량이 증가하자 자연스레 상업을 통한 부의 축적이 가능해졌으며, 이는 자연스레 소비 활동을 촉진시켰다. 드디어 조선이 소비사회가 된 것이다. 특히 화폐의 발행과 통용은 '투전', 즉 도박을 성행하게 만들었고, 이때 사채업자도 등장한다. 정조 15년 이후, 해마다 도박 금지령이 내려질 정도였다. 또한 영조는 음주 단속을 엄격하게 한 것으로 유명하다. 그만큼 조선사회의 음주문화가 과했다는 말이기도 하다.

신윤복의 그림 〈유곽쟁웅〉을 보면, 당시의 음주 가무의 일상들을 쉽게 확인할 수 있다. 최고의 전성기를 누렸던 로마가 사치 향락과 퇴폐적인 문화로 몰락해갔던 것이 떠오른다. 마찬가지로 조선 후기에도 당쟁과 외세의 침략 등으로 인해 점차 쇠퇴일로를 걷는다. 이때 조금만 조선 초기의 건국이념과 초심을 되살렸다면 어땠을까. 너무나 아쉬운 조선의 성기 르네상스를 보고 있자니 참으로 마음이 아프다.

로마가 그랬듯이 조선도 사치와 향락적인 소비가 성행하였으며, 이에 못지않게 서화 및 골동품의 수집과 매매도 성행했었다. 조선 사람들은 어느 하나에 빠지면 지나치게 깊이 몰두하는 습성이 있었다. 이 대단한 집중력은, 그동안 배달민족으로 시베리아를 포함하는 저 윗지역을 휘감아 한반도에 자리 잡고, 갖은 외세의 침략에도 불구하고 한 자리를 끝내 지켜온 민족 정서와 닮은 듯하다. 그것은 어쩌면 단군신화에서 우리 민족의 전신인 곰이 마늘과 쑥으로 버텨낸 인내력과도 같은 것이다. 글자 한 자에 목숨을 걸고 소신이라 말하며 버티는 것과도 같다. 사시사철 변함없이 푸른 소나무를 좋아하고, 바위 끝 벼랑에 매달린 채 기품 있는 잎줄기를 뻗어대는 난을 아끼며, 추운 겨울 끝을 견디고 피어나는 매화에 감탄하는 이들은 대나무의 곧은 기개를 닮고자 한다. 하나같이 고집 세고, 집중력 센 것들이다.

여유로운 삶을 살게 되자 몸을 치장하고, 술에 취하며, 색을 탐하고, 투전에 마음을 빼앗기는 것은 어느 정도껏이 아니었다. 국가가 나서서 이를 금하기까지 했던 것은 그 심각성이 어느 정도인지 알려주는 지표이다. 김홍도가 어느 날 그림을 팔아 3천 냥을 벌었는데, 그중 2천 냥으로 시장에서 봐두었던 매화나무를 사고, 800냥으로 술을 사서 지기들을 불러 '매화음'을 즐겼다는 일화는 꽤나 유명하다. 심각한 향락문화이기는 하지만 왠지 부러운 마음이 드는 것은, 그 속에서 '문화 향유'를 발견할 수 있기 때문일 것이다. 현재의 우리는 지나치리만큼 문화예술에 대해서 너그러운 것이 사실이지 않은가.

한편, 〈유곽쟁웅〉에서 기생은 아무렇지도 않다. 그녀는 긴 담뱃대를 태연히 빨아대고 있다. 참고로 담뱃대의 길이도 멋의 척도였다. 또 길이가 길면 누군가 불을 붙여줘야 하니 신분도 어느 정도 가늠할 수 있다. 몸싸움을 격하게 하고 난 두 사람을 보면, 가운데 한 사람이 이제 막 풀어 헤쳐진 도포자락을 바로 고쳐 입으려는 듯하다. 그는 평정심을 찾은 것 같은데, 표정으로 보아하니 이 사람이 무력으로 다른 사람을 제압한 것이 분명하다. 이제 더 싸울 필요 없이 그녀를 차지한 모양이다. 얻어맞은 듯한 사람이 왼쪽에 있는데, 그 표정이 무척 억울해 보인다. 왼쪽 끝에는 그 사람을 달래주는 사람이 있고, 오른쪽 끝에는 망가진 갓을 챙기는 이도 보인다. 이로써 이 싸움의 당사자들이 양반임이 드러났다. 조선 양반들이 기생을 두고 서로 다툼이 일어난 것이다.

그런데 싸움의 당사자들 가운데 이 싸움을 말리는 사람이 눈에 띈다. 복장으로 보니 바로 '별감'이다. 이 싸움은 분명 일방적이다. 왼쪽의 억울한 표정의 사람을 둘러싸고 있는 인물 배치가 이를 말해준다. 싸움에서 진 쪽은 평정심을 찾기 힘들다. 그를 향하여 가로막고 있는 것은 말리기보다는 보호이다. 더 이상 얻어맞지 않도록 보호해 주려는 의도인 셈이다. 이 그림에서 '별감'의 역할이 드러나는데, 그는 기방을 관리하는 특별한 관직을 수행하고 있다. 조선사회에서 기방의 출입은 아무래도 사회지도층이었고, 그

유곽쟁웅(游廓爭雄)
신윤복, 28.2cm×35.2cm, 간송미술관

들을 상대로 하는 기방은 결국 국가가 통제하는 것이 여러 모로
좋다. 마치 기둥서방과 같은 이 별감은 기방의 실세였다. 그는 기
방을 통제하기도 하고 관리하기도 하며, 이와 같이 무력적인 상황
이 발생하면 중재하는 역할을 했던 것이다.

조선사회에서 별감은 무력이 허용된 특별경호원과 같았으며,
이들은 왕의 직속으로서 양반이 아니면서도 막강한 권력을 쥐고

조선 르네상스는 '다음'이 있었다.

있었다. 뿐만 아니라 기방을 통한 수입도 꽤나 되었던 것으로 짐작된다. 이들은 붉은색 옷을 뜻하는 '천의'와 노란 빛깔의 풀로 만든 '초립'을 쓰는 복식을 갖췄다. 뿐만 아니라 허리에는 푸른색 허리띠를 두르고 있고, 장식성이 강한 향낭, 장도 등으로 멋을 부렸다. 화려한 복색과 장신구, 그리고 주어진 역할 등으로 별감은 뭇 남성들의 선망의 대상이었을 것이고, 여성들의 인기 또한 '별감'들의 차지였을 것이다. 신윤복의 다른 그림 〈월야밀회〉의 남자도 별감이다.

그러나 이뿐이었으면 우리는 매우 불행하다. 다행히도 문화와 예술에 깊이 심취하고 빠져든 이들도 분명 있었다. 그들은 술에 취해서도 시를 읊고, 술시중 드는 기생과도 그림을 논했다. 서양의 근대 누드모델의 대부분이 거리의 여성들이었던 것처럼, 기녀들은 우리 옛 그림의 모델과 주제가 되어 우리의 문화예술 곳곳에 파고들었다. 조선의 르네상스인들은 사치 향락도 예술적으로 즐겼던 셈이다.

조선의 고관대작들이 기방에서 시담을 나누고 문화를 향유한다는 것은, 조선사회의 천한 계급이었던 기생들도 그에 응할 만큼의 문화 향유력과 지식을 갖고 있기 때문에 가능했던 일이다. 그러므로 앞서 기방에서의 난동사건은 단순히 여인과의 하룻밤을 위한것이 아닐 가능성도 생긴다. 박학다식하며, 풍류를 알고, 서화를 감상할 수 있는 그녀들은 조선 르네상스의 동력 중 하나임에 분명하다. 근대 서양의 살롱문화가 그러하듯이 조선의 기방문화도 그렇게 문화의 소통 창구가 되어주었던 것이다.

또 성리학을 들먹이려 한다. 이 학문과 이념은 더 이상 학문, 이념 따위의 구색을 갖추지 않아도 된다. 이것은 당시의 시대정신이 되어 이미 기방에까지 널리 퍼져 그들의 향락문화에 깊숙히 관여하고 있다. 술시중을 들고 몸을 맡기는 여인에게 미색을 갖추는 것 못지않게 요구되었던 것이 바로 시·서·화였으며, 그녀들은 학문·정치·역사·예술에 이르기까지 상당한 수준을 강요받았다. 그래야 기생으로서 자격을 갖춘다고 하니, 웬만한 사대부보다 낫다. 조선의 지식인들과 마주함에 있어 당당할 수 있었던 것은 그녀들이 겸비한 재색(才色) 때문이었으리라. 그것은 마치 '理가 氣에 올라탄 모양과 같다'는 율곡의 말과 같음을 누가 부인하겠는가. 때문에 조선의 르네상스는 대중성이 담보된 상황으로 전개되었다. 그것은 위로부터의 기획이나 전수가 아니라 위·아래 할 것 없이 형성된 거대한 대중문화였다. 양반들이 나누던 고매한 서화에서도, 별감이 옷치장에 신경 쓴 스타일에서도, 기생들이 다양하게 향유하던 문화에서도 조선 르네상스는 존재한다. 가히 대중적인 문화 향유력이 생겨난 것이다.

앞서 서술한 바 있듯이, 조선에는 '진경'이라는 독창적인 스타일이 존재했으나, 또 한편으로는 진경이라는 말로 조선 르네상스를 단정 지을 수 없다고 했었다. 또한 왕의 어진에서부터 한간의 민화에 이르기까지, 그 모습이 다양하게 전개되는 탓에 어느 하나를 조선 르네상스 스타일(양식)이라고 지칭하기 어려운 것도 밝혔었다. 또한 우리는 조선의 건국이념과 사회제도, 신분체계가 실제의 생활에서 보여준 모습 속에서 진정한 의미의 시대정신과 대중성을 발견할 수 있었다. 바로 이러한 점들이 조선 르네상스, 즉 문화예술의 생산과 소비가 지속될 수 있는 근거이다. 조선에서의 문화예술 향유는, 남는 시간에 해도 되고 안 해도 되는 유흥이나 사치 따위가 아니라, 빈부나 반상을 떠나서 누구나 하는 자연스러운 것이었다. 너무 자연스러워서 향유하지 않는 것이 더 이상하게 느껴지는 사회가 조선의 르네상스였던 것이다.

조선사회가 500여 년 이상 지속되면서 만들어진 이 대중성은, 오늘날처럼 교통과 정보 통신이 발달한 사회가 아니라는 점에서, 그리고 하나의 지속성을 긴 세월 이어가 형성되었다는 점에서 의미가 크다. 대중성의 결여와 향유 세력의 편중은, 이탈리아 르네상스처럼 지나가버리는 한때의 유행에 그치고 만다. 이탈리아 르네상스가 종국에는 매너리즘으로 막을 내렸다면, 조선의 르네상스는 그보다 최소한 200여 년은 더 지속되었다. 그리고 스스로 매너리즘에 봉착하여 막을 내리지도 않았다. 일제의 침략과 점유, 그리고 한반도 주변의 열강에 의해 강제적으로 말살되고 제거되었던 것이다. 두발을 강제로 정리하게 했고, 의복을 바꾸게 했으며, 이름을 바꾸고, 한글을 사용하지 못하게 했다. 그러나 그런 것들에 굴복할 우리가 아니었다. 조선의 민초들이 전쟁에서 나라를 구한 것처럼, 근대 이후 대한민국 또한 새롭게 재건되었다. 여기에도 여지없이 대중성이라는 시대정신이 작용한다.

조선 르네상스는 대중성을 등에 업고 진행되었다. 대중이 만들어가고 대중이 즐기는 이 문화는 쉽게 사라지지 않는다. 그것은 시대를 반영하여 다른 모습으로 변화하기도 하지만, 그 변화의 중심에는 여전히 대중의 취미가 반영된다.

우리는 미국의 모더니즘이 냉전체제 하에서 기획되었음을 잘 알고 있다. 이탈리아 르네상스를 주도한 세력이 누구인지도 안다. 그러나 조선의 르네상스는 누가 주도했는가. 누구에 의해 기획되었는가. 조선 성리학? 신진사대부를 포함하는 건국세력들? 지식인들? 그렇지 않다. 조선 르네상스의 저변에 고고히 흐르는 성리학적인 이념이야 지속적으로 강조하고 있는 바이지만, 이제 더 이상 학문적인 이야기는 필요 없다. 학문이 학문으로서 존재하는 것이 아니라, 실생활에서 삶의 방식으로 이미 스며들었기 때문이다.

그렇게 스며든 삶의 방식은 문화라고 할 수 있는 여러 가지 산물들에 영향을 준다. 그것은 옷의 스타일일 수도, 사용하는 그

조선 르네상스는 '다음'이 있었다.

릇의 모양일 수도, 심지어는 기방의 농짓거리일 수도 있다. 그렇게 삶의 가장 밑바닥에 깔려 대중의 의식을 반영하며, 이 땅에 살고 있는 사람들에 의해 끊임없이 지속되는 것이다. 우리는 그것을 '전통'이라고 한다. 그것은 우리 민족만이 지닌 특성이 된다. 혈연에 의한 민족만을 의미하는 것이 아니다. 동일문화권을 형성하며 지속해온 문화적 민족성을 의미하는 것이다.

조선 르네상스는 물리적인 외압과 단절 노력에도 불구하고 다음 세대로 이어져 왔다. 양반네를 떠돌며 한바탕 왁자지껄 흥을 돋우는 사당패의 상류층에 대한 거침없는 비판은, 시골 선비가 왕에게 감히 올리는 상소문이나 마찬가지다. 그렇게 할 수 있는 용기와 그 원천인 비판의식은, 무식하게 용감하기만 한 방식과는 거리가 멀다. 그 사당패의 풍자와 비판, 재치와 익살의 놀음은 시대를 꿰뚫어보는 안목이 있어야 가능한 것이다. 오늘날 K-pop이 한류가 되었을 때, 한류의 주역이 된 그들이 세계에 외치는 그 말, "오늘 한번 신명나게 놀아보자!", "갈데까지 가보자!"라고 하는 데 남아 있다.

조선 르네상스는 여전히 멈추지 않았다. 일제시대 이후로 우리 민족의 특성이 정적인 것으로 규정될 뻔하기도 했으나, 배달민족의 후예가 그럴 수는 없다. 민족 고유의 무예인 택견만 봐도 그렇다. 택견이 지니고 있는 활달함과 경쾌함이 우리 민족의 민족성이다. 사물놀이가 내는 그 리듬은 어떤가. 상모를 이리저리 돌리며 재주를 부리는 모습 속에 신명이 실려 있다. 싸움을 하면 목숨을 걸고 하며, 투전판에 앉으면 허리가 나갈 때까지 끝장을 보고야 말며, 전답문서 걸고 자존심으로 버티는 양반들이다. 참고로 연암 박지원도 『열하일기』에서 스스로 투전에 빠졌다고 고백할 정도였다.

이탈리아 르네상스의 위대한 예술가 3명은 너무나 유명하다. 그들이 유명하고 이탈리아 르네상스가 성공할 수 있었던 이유는, 그들이 이탈리아 피렌체라는 조그만 소도시를 배경으로 동시대에 태어나 활약했기 때문이라는 사실을 간과할 수 없다. 물론 조선에도 3원 3재가 있었다. 공재 윤두서, 겸재 정선, 현재 심사정, 단원 김홍도, 혜원 신윤복, 오원 장승업이 그들이다.

여기에 문인화로 이름을 떨친 이들까지 더해지면 어떠한가. 그들은 화가이기보다는 그 자신이 학자이기를 선호했던 레오나르도 다 빈치보다 더 많은 그림을 그렸고, 레오나르도 다 빈치가 유럽 전역에서 당대의 인기를 누렸던 것 못지않게 중국과 일본에 널리 알려졌었다. 뿐만 아니라 인왕산 자락에서 활동했던 수십여 시문학 동호회는 피렌체 3대 거장의 활동에 못지않다.

이 모든 것이 바로, 삶의 곳곳에서 신분을 떠나 한데 어우러져 문화를 형성하고, 대중성이라는 거대한 물결에 힘입어 전개된 조선 르네상스의 저력이다. 국가의 존폐 위기 속에서도 이 대중문화는 대중이 존재하는 한 끊이지 않고 이어지는 것이다.

한류라고 하는 말이 현재 대한민국의 대중문화가 만든 유행이라고만 하면, 그냥 지나가는 유행이 되고 만다. 그러나 그 유행이 만들어지기까지 어떤 대중성을 형성해 왔는지, 그 시대정신을 살펴보면 이야기는 완전히 달라진다. 조선 르네상스의 흐름 속에서 대중문화의 코드를 찾고, 한류로 이어지는 대중적 취미의 연결고리를 발견하는 기쁨은, 잃어버린 족보를 찾는 것에 비할 바가 아니다.

르네상스 미술가 열전

레오나르도 다 빈치
VS
김홍도

●

미켈란젤로
VS
신윤복

●

라파엘로
VS
장승업

이탈리아 르네상스를 대표하는 예술가는 레오나르도 다 빈치, 미켈란젤로, 라파엘로 등이다. 그들의 삶과 예술은 서양미술의 역사를 통틀어 가장 위대한 예술세계를 보여준 것이 사실이다. 그러나 이탈리아 르네상스의 예술세계에서 발견되는 주제는 기독교와 개인의 초상화에 한정되어 있다는 점도 기억해야 한다. 서양미술에서 풍경과 정물이 주제로 대두된 것은, 18세기를 지나면서 근대 개인의 등장과 맞물려 개인의 취미가 미술의 영역에 반영되면서부터이다. 그 즈음에 풍경화, 초상화, 정물화 등 특정 주제만을 취급하는 전문 화가들이 등장한다. 마치 근대 학문의 분과 현상처럼 미술의 영역도 분화되기 시작했던 것이다.

여기에 반해, 우리의 옛 그림들은 처음부터 우리 땅을 그렸으며, 화초·동물·초충에 이르기까지 다양한 주제들을 섭렵해왔다. 우리 옛 그림이 종이에 붓과 먹을 사용한 점에서는 재료나 기법이 한정되어 있는 듯하지만, 그 주제나 내용 면에서는 오히려 다양성을 보여주고 있는 것이다. 미술사조나 시기 등 서로 짝을 맞추어 서양의 미술과 우리의 미술 세계를 단순 비교할 수는 없지만, 서양 르네상스의 거장에 비해 덜 알려진 우리의 위대한 예술가들을 비교하는 것은 특별한 의미가 있다. 따라서 자신의 삶과 철학을 미술로 표현해 향유하는 문인화가들은 배제하고, 전문 예술인들 위주로 이탈리아 르네상스의 3대 거장과 비교해 보려고 한다. 물론 문인화라는 것은 우리 미술사에서 매우 큰 영향을 끼쳤으므로, 이를 배제하는 것은 우리 미술의 극히 일부분만을 보여주는 것이어서 아쉬움이 남는 게 사실이다.

이 책이 처음부터 줄곧 주제삼아 이야기했었던 현실의 세계와 이상의 세계에 대한 이미지 구현과 조선 성리학을 통한 이상과 현실의 합치, 그리고 진경을 통한 사물의 외형과 내면의 표현 등을 조선의 지식인들은 문화예술의 현장에서 매우 적극적으로 적용하고 있었다는 것은 큰 자산이자 자긍심임에 분명하다. 이 점이 이탈리아 르네상스와 차별성을 주는 중요한 부분이라는 생각도 여전하다. 다만 이 글의 시도가 우리 미술의 상대적 우수성을 증명하려는 것이 아니라, 거시적으로 서양의 르네상스 시기에 이 땅의 문화와 시대정신도 그에 상응하는 시기를 겪었음을 알리고 싶은 생각에서 시작된 것이기에, 순수하게 예술인으로 살았던 이들의 작품을 비교해 보려고 한다. 한 수 접어주는 여유로움으로 르네상스라는 거대 문화운동에 조선 미술을 갖다대 보려 한다. 그렇게 추리다 보니 '圓'자 돌림의 호를 썼던 단원, 혜원, 오원이 자연스레 떠올랐다. 조선의 이 3대 거장의 모습은 이탈리아 르네상스의 3대 거장 못지않은 예술활동을 펼쳤으므로, 이들을 비교 서술함으로써 조선의 '3원'을 알리는 것도 나름 의미 있는 일이 될 듯하다.

레오나르도 다 빈치

'르네상스' 하면 떠오르는 예술가가 바로 레오나르도 다 빈치 (1452~1519)이다. 레오나르도 다 빈치란 레오나르도라는 이름의 남자가 빈치에서 왔다는 의미이다. 그 말은 그가 '성도 없는 사람' 이라는 것을 알려준다. 사생아였던 레오나르도의 삶을 축약적으로 보여주는 이름인 것이다. 사실 예술가로서 그의 삶은 그리 녹록치 않았다. 막강한 부호들이 다스리는 도시국가의 후견인들에 따라 이리저리 불려 다녔던 그의 삶은, 예술가로서보다는 건축, 천문, 수학, 군사무기 제작 등에 더 활용되었던 것도 배제할 수 없는 역사적 사실이다. 그를 후원했던 사람들은 막강한 재력과 권력이 있었지만, 진정 예술을 향유하는 고급한 식견을 갖추고 있지는 않았던 모양이다.

특히 1482년 밀라노의 스포르차 루드비코 공작이 자신의 아버지를 기념하기 위한 청동기마상 제작을 의뢰했을 때의 일화는, 당시 이탈리아의 문화예술적 수준을 고스란히 드러내어준다. 청동 70톤을 확보하고 이를 주물로 제작하기 위한 점토 제작이 완

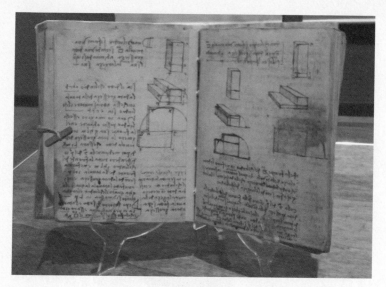

레오나르도 다 빈치의 노트(스케치북)

성되었을 때, 스포르차 공작은 프랑스와의 전쟁에 사용할 대포 제
작을 위해 레오나르도가 기마상 제작을 위해 확보해 두었던 청동
을 모두 녹여 사용해 버리고는, 실물 크기로 제작된 점토를 사격
연습용 표적물로 써버렸다고 한다. 물론 모든 것은 스포르차, 그
의 주머니에서 나온 것이니 레오나르도 입장에서는 야속한 마음
뿐 달리 방도가 없었을 것이다. 이 위대한 예술가는 이후 줄곧 군
사무기 제작자 역할을 해야 했다.

　부강하지만 문화예술에 대한 향유의식이 부족했던 밀라노에
서 일생의 황금기인 30~40대를 허비해버린 레오나르도 다 빈치

레오나르도 다 빈치의 스케치들

는, 후원자들의 정략적인 이용에 이끌려 이탈리아 여기저기를 돌아다니다 생애 말년을 프랑스에서 보내고 쓸쓸히 사망하고 만다. 이때 그가 남긴 유품은 노트 몇 권과 의뢰자에게 전달하지 못한 〈모나리자〉 한 점뿐이었다. 사실, 레오나르도 다 빈치에게 이 노트는 생계수단에 불과했을지도 모른다. 그러나 지금은 '다 빈치 노트'라는 말이 마치 '창의성', '천재성'이라는 말을 지시하는 대명사가 되어 있으니, 이 또한 아이러니한 일이다.

많은 미술사가들은 그의 회화작품, 특히 〈모나리자〉에 주목한다. 모나리자의 미소 속에 천재 화가인 레오나르도 다 빈치만의 특별한 기법이 있을 것으로 믿었으며, 그 기법을 '스푸마토(sfumato)'라 명명하였다. 그리고 이 스푸마토 기법의 비밀을 알아내기 위해 많은 노력을 기울이고 있다. 사실처럼 보이기 위해 붓 자국(터치)을 없애버렸기 때문이다. 붓 자국이 남아 있지 않은 레오나르도 다 빈치의 그림은 현대 디자인 기법 중 '글라데이트(gradate)' 기법과도 같은 것이다.

현대의 우리가 찬탄해 마지않는 이 작품을 레오나르도는 왜 의뢰인에게 주지 못하고 평생 들고 다녔을까. 의뢰인이 요구한 그림이 아니어서였을까. 호사가들은 이 그림의 주인공과 화가가 불륜관계였다는 말들을 한다. 그러나 출산한 지 얼마 안 된 이 여인과 그가 어떤 사랑을 나누었을지는 의문이다. 이 그림을 그릴 때

모나리자
레오나르도 다 빈치, 루브르 박물관

136
조선의 르네상스

흰 족제비를 안고 있는 여인

레오나르도 다 빈치, 폴란드 차르토리스키 미술관

그는 이미 노년이었는데 말이다. 그녀의 손가락에 힘이 들어가 있는 모습은, 또 다른 그림 〈흰 족제비를 앉고 있는 여인〉과 비교되어 여성의 성적 흥분을 보여준다고 한다. 그러나 그녀는 지금 장기간 의자에 앉아 모델노릇을 하고 있으니 당연히 힘이 들어갔을 것이고, 사진사가 '웃으세요!'를 외치듯이 화가도 그랬을 터, 그녀는 억지웃음을 짓고 있는 것이다. 지금으로 치면 '썩소'인 셈이다.

화가는 객관적이고 사실적인 것을 추구하기에 출산 직후 부은 그녀의 뺨을 그대로 두었고, 당시 유행이어서 밀어버린 눈썹에 화장을 가하지도 않았다. 미완성이 아니라 어쩌면 그게 완성이었을 수도 있지 않을까. 그녀가 보내주는 '썩소'와 뺨의 깊이는 그냥 눈에 보이는 그대로일 수도 있다는 말이다. 뿐만 아니라 그녀의 얼굴이 화가 레오나르도 다 빈치를 닮았다고 하는 것은, 오랜 세월 그 그림에 지속적으로 손을 대어 이른 결과물이다. 모델 없이 자꾸 그리다 보면 자기를 닮게 되는 것은 당연한 일 아닌가. 그녀의 눈동자가 관람자가 보는 위치를 따라온다는 말 역시, 2차원 평면에 정면을 응시하는 그림을 그려놓으면, 3차원에 있는 관람자의 시선이 그 초점을 스스로 맞춰 마치 눈동자가 서로 마주친다고 착각하는 현상이 인다. 그리고 무의식의 세계가 반영되어 있다는 뒷배경 또한 중요하지 않다. 화가의 작업실 벽면의 그림일 수도 있고, 화면의 대부분을 인물이 차지하고 있으므로 뒷배경이 어떤 시점을 갖는지도 사실 명확하지 않은 것이다. 르네상스 시기에 풍경과 정물은 그림의 주제로 들어오지도 않았다.

그의 스푸마토 기법은 르네상스인들이 새롭게 발전시킨 원근법에 대한 레오나르도식의 새로운 기법이다. 그는 소실점으로 모여드는 선원근법뿐만 아니라, 얼굴 표면의 공간과 거리, 깊이의 차이로 인해 드러나는 얼굴의 윤곽선을 미세한 색과 면으로 쪼개어 자칫 평면적이기 쉬운 얼굴에 생생한 입체감을 구현했던 것이다. 색과 면을 분할하는 그의 방식은 피부 표면의 매끄러움을 표현하기 위해 붓자국마저도 허용하지 않았다. 이렇게 생생하고 살아 있는 〈모나리자〉는 그 지나친 생생함으로 인해 오히려 의뢰인의 마음에 들지 않았을 수도 있다. 요즘 디지털 카메라의 중요 기능 중 하나인 '뽀샵' 효과가 결여된, 너무나 사실적인 그림은 산모였던 그녀의 통통 부은 얼굴을 그대로 표현하고 있으니, 산모의 마음을 아프게 했는지도 모를 일이다.

또 하나, 우리가 기억하는 레오나르도 다 빈치의 최고 역작은 그가 밀라노에 머물렀을 때 의뢰받은 〈최후의 만찬〉이다. 수도원 식당 벽에 그려진 이 벽화는, 예수와 12제자들이 수도사들과 함께 식사하는 듯한 착각을 불러일으킬 만큼 식당 양옆 창을 원근법적인 구도로 옮겨 실물의 비율대로 제작했다. 그러니까 실제의 창문들과 그림 속 창문이 같은 높이에서 같은 비율로 자연스레 연

최후의 만찬

레오나르도 다 빈치, 산타마리아 델레그라치에 성당

결되어 그림인지 실제인지 헷갈리도록 제작되었다는 말이다. 원근법의 완벽한 구현으로 인해 이 그림은 레오나르도 최고의 완성작으로 꼽힌다. 과학적이고 객관적인 관찰과 이를 토대로 한 사실성은, 치밀한 천재 레오나르도 다 빈치였기에 가능한 일이었다.

대부분의 작품이 미완성이고, 완성된 작품은 손에 꼽을 만큼 화가로서의 삶을 살아보지 못한 레오나르도 다 빈치는, 어쩌면 시대를 잘못 만난 불운한 예술가인지도 모르겠다. 그가 조선에 태어났다면, 그래서 그의 예술세계를 왕이 인정해주고, 선비들이 기탄없이 그를 마주하고 작품세계를 논했다면, 왕의 어진을 그리는 어진화사가 되어 그 공을 인정받아 지방 관리직이라도 하나 얻었다면, 특정 계급이 부를 독차지하는 것이 아니라 농업을 기반으로 한 사회 전체가 부유한 환경 속에서 후견인의 호주머니 사정에 목매지 않아도 되었더라면… 그의 예술세계는 훨씬 더 풍요롭지 않았을까.

훗날 레오나르도는 이렇게 고백한다. "나를 만든 것도 메디치 가문이고, 나를 파멸시킨 것도 메디치 가문이다." 르네상스의 최고 설계자라고 부르는 '코시모 데 메디치'의 손자 로렌초 데 메디치(Lorenzo de Medici)의 후원으로 수학부터 공학, 해부학 등 다방면에 걸쳐 연구할 기회가 주어졌으므로, 메디치 가문이 레오나르도의 예술세계 형성에 크게 도움을 준 것은 분명하다. 그러나 메디치 가문은 오랜 견습 기간을 끝낸 레오나르도가 이제 자신의 예술세계를 펼칠 나이인 서른 살이 되자 밀라노를 장악한 '스포르차'에게 보내버린다. 레오나르도를 외교적 채널로 이용했던 것이다. 더구나 그가 소개했던 밀라노의 스포르차 공작은 레오나르도를 한낱 기술자쯤으로 치부하며 여러 가지 무기 제작에 동원했을 뿐, 그의 예술혼을 끄집어내지는 못했다.

이상이 르네상스 최고의 거장 레오나르도 다빈치의 삶과 예술이다. 우리가 알고 있는 르네상스라는 거대한 문화운동과 위대한 예술가 레오나르도 다 빈치의 명성에 전혀 걸맞지 않은 의외의 모습인 것이다.

김홍도

조선시대 최고의 화가 김홍도(1745~1805). 그를 생각하면 익살과 해학이 넘치는 풍속화가 먼저 떠오르겠지만, 사실 김홍도는 굉장히 사실적인 그림을 그렸던 화가이다. 수염 한 올, 한 올이 세세히 묘사되어 있는 초상화, 실제 풍경을 직접 대하고 그린 진경산수화, 그리고 국가의 행사 등을 후대에 남기고 기념하기 위한 기록화 등을 떠올린다면 김홍도를 한마디로 단정 짓기는 어렵다.

실제로 그는 겸재 정선에 비견될 정도의 진경산수화의 대가였다. 사실 겸재가 진경을 대하고 그린 그림은 부감법이라는 자신만의 독특한 관점으로 그렸기에 마치 비행체를 타고 위에서 본 듯한 모습인 것을 생각하면, 오히려 김홍도의 그림이 더욱 진경에 가깝다고도 할 수 있다. 그러므로 김홍도를『풍속화첩』이라는 단 한 권의 그림책으로 풍속화가로 국한시키는 것은 매우 어리석은 일이다.

그는 21세에 영조의 의궤병풍을 그렸으며, 29세에는 영조의 어진을 모사하는 일과 왕세자 시절의 정조 초상화를 그렸다. 그리고 37세에 정조의 어진을 그렸고, 이때부터 '단원'이라는 호를 사용했다. 44세에는 정조의 명을 받아 금강산을 그렸는데, 관동팔경과 금강산 유람을 통해 40~50m에 달하는 두루마리 채색화를 그렸다. 이 그림은 관동팔경과 금강산 명승지 하나 하나의 실경을 각기 그리면서도 연결되어 있다고 한다. 궁궐의 화제로 인해 소실되어 지금은 전하지 않지만, 상상해 보건데 마치 '팝업 스토리북'처럼 파노라마로 제작되어졌을 것이다. 당시의 금강산 유람은 최고 관광상품이었을 터, 그러나 왕이었던 정조는 금강산의 절경을 마음대로 볼 수 없었으므로 총애하는 화원이었던 김홍도에게 이를 그려 오라고 부탁한 것이다. 그러니 김홍도는 금강산의 절경을 사실적으로 그리지 않으면 안 되었고, 정조 또한 그렇게 사실적으로 잘 그릴 수 있는 김홍도에게 부탁했던 것이다.

그러던 그가 대뜸 조선시대의 일상을 담기 시작했다. 그의 풍속화는 신윤복과 자주 비교되어, 신윤복이 양반들의 일상과 삶을 담아냈다면 김홍도는 평민들의 일상을 담았다고들 한다. 그러나 풍속화를 주로 그렸다는 후대의 평가 이전에, 왕의 어진과 진경의 대가였던 그가 풍속화를 그리기 시작한 것은, 조선 르네상스가 추구했던 시대적 배경에 예술가가 호응했다는 생각을 갖는 것이 먼저일 것이다. 바로 이러한 측면이 레오나르도 다 빈치와 이탈리아 르네상스가 보여주었던 아쉬움을 넘어서는 지점이다.

정조는 조선시대 최고의 문화운동을 펼쳤던 왕이다. 김홍도가 53세가 되었을 때, 정조는 〈오륜행실도〉를 그리게 한다. 왕과 백성이 함께 지켜야 할 사회적 약속을 제시하고 널리 알리는 것은 조선사회에서 매우 중요한 일이었을 것이다. 어려운 한자로 알리는 것보다는 그림으로 보여주는 것이 훨씬 이해하기 쉽고 파급력도 컸을 것이다. 또한 왕은 백성의 삶을 알아야 했다. 그들의 삶을 직접 체험하기 위해 왕이 '미행'을 가는 일에도 한계가 있으므로, 그림을 통해 서민의 풍속을 이해하는 일은 매우 중요했을 것이다. 그가 그린 풍속화첩은 이렇게 탄생되었다.

그런데 2005년 기막힌 일이 발생했다. 김홍도가 밑그림을 그린 오륜행실도의 목판본이 발견되었는데, 일본식 화로의 외부를 감싸는 장식용으로 훼손된 채 발견된 것이다. 안타까운 역사의 한

페이지를 또 이렇게 되새기게 되었다. 필자의 극한 반일감정은 비단 정치적인 문제나 과거사 청산에 국한된 것이 아니다. 우리 문화예술의 가치와 의미를 잘 알지도 못한 채 거의 모든 것을 가져다 놓고선 제대로 관리하지도 못하는, 이러한 행태를 발견할 때 진정한 부아가 치밀어오르는 것이다. 물론 우리 스스로 우리의 것에 대해 소홀했던 점도 반성해야 하지만, 남이 우리 것을 그리 대하는 모습은 영 탐탁지 않다. 황당하게도 우리의 것을 자신들의 국보로 삼은 사례는 또 그 반대의 심리로 화가 나는 부분이다.

김홍도가 그린 그림을 보면, 평민과 양반이 함께 어우러져 있어서 얼핏 보면 누가 양반이고 누가 평민인지 모를 정도이다. 그는 딱히 양반과 평민을 나누어 그리지 않았던 것이다. 사실 그는 궁중의 화원이었으므로 오히려 양반을 더 많이 그린 것이 맞다. 다만 그의 눈에 비친 일상의 정경 속에서 양반은 희화되거나 은근슬쩍 비판하는 경향도 보인다. 많이 알려진 〈씨름도〉를 보면 누가 양반이고 누가 평민인지 알기가 쉽지 않다. 또 다른 그의 그림에서는 양반의 모습이 평민보다 더 해학적이어서 보는 이의 속이 다 후련해지는 것을 느낄 수 있다.

우물에서 아낙들에게 물을 얻어 들이키는 그림 〈우물가〉의 장면을 보면, 조선시대 양반의 모습이라고는 도저히 상상이 되지 않는다. 가슴이 다 드러나게 옷을 풀어헤친 게 어지간히 덥고 목

오륜행실도 목판
김홍도 밑그림, 치악산 고판화박물관

이 탔던 모양이다. 이런 그림 속 상황 묘사는 당시 조선사회가 갖고 있는 신분체계에 대한 노골적인 비판이 담겨 있음과 동시에 조선 신분사회가 지닌 열린 모습도 발견할 수 있다. 이 같은 사실을 생각하면, 김홍도가 평민을 주로 그렸다고 하는 우리의 미술 교육이 살짝 아쉽다. 그의 그림에서는 양반과 평민이 가리지 않고 등장하기 때문이다.

그림 〈씨름도〉를 자세히 살펴보자. 중앙의 씨름 선수들이 넘어지려고 하는 순간일까? 우측 하단부에 앉아 있는 사람들의 모습을 보면, 깜짝 놀라 뒤로 손을 짚는 모습인데, 오른손과 왼손이

우물가

김홍도, 종이에 담채, 22.7 x 27 cm, 국립중앙박물관

씨름도
김홍도, 39.7 x 26.7 cm, 국립중앙박물관

씨름도 부분

뒤바뀐 것을 눈치 챌 수 있을 것이다. 앞에서도 말했지만, 김홍도는 사실적인 그림을 정말 잘 그리는 화가였으며, 점 하나로 수십 가지 얼굴 표정을 표현할 수 있는 위대한 화가였다. 이 점은 어느 누구도 부인하지 못할 것이다. 그런 그가 실수를 한 걸까? 실수는 한 번이면 족한 법인데, 다른 작품들에도 반복적으로 나타나는 것을 보면 분명 실수는 아닌 것 같다.

〈활쏘기〉라는 그림을 보면, 몸통이 아예 뒤바뀐 것을 알 수 있다. 상체는 왼손잡이 자세인데 하체의 자세는 오른손잡이이다. 자세히 보면 굉장히 어색한 이 그림을 어떻게 설명할 수 있을까? 과연 그의 실수라고 단언할 수 있을까? 조선시대 화단에 불었던 '모사' 열풍에서 진품을 구별하기 위한 방법으로 화가들이 그림 속에 자신만이 알아볼 수 있는 장치(?)를 마련해 놓는 모습들을 종종 볼 수 있는데, 김홍도도 그런 의도로 그림 속의 오른쪽과 왼쪽을 바꾸어 놓았는지 모를 일이다.

〈씨름도〉를 보면 전체적인 구도는 위에서 본 모습이고 씨름하고 있는 사람들은 바로 옆에서 본 모습이다. 즉 하나의 그림에 두 개의 시점을 개입시키고 있는 것이다. 서양에서의 이런 구도는 김홍도로부터 100여 년이나 뒤인 1800년대 말 세잔느가 처음 시도했었다. 그것도 아주 엉성하게, 여러 차례의 실험을 통해 다자 구도를 만들었으며, 이것이 그 유명한 피카소의 입체파로 이어진

활쏘기

김홍도, 종이에 담채, 27 x 22.7 cm, 국립중앙박물관

것이다. 피카소 역시 이러한 방법을 구현시키기 위해 사물의 구상

성을 버려야만 했으며, 사물의 외형을 해체하고 재조립함으로써

입체파를 완성시킨 것이다.

그러나 김홍도의 방식에서 사물은 해체되거나 분해되지 않고, 사물이 갖는 본래의 모습을 그대로 유지되고 있음을 기억해야 한다. 레오나르도 다 빈치와 이탈리아 르네상스가 사실성의 확보를 위해 차용했었던 원근법을 무색케 하는 장면이다. 그는 씨름판의 전체적인 모습과 중앙에 씨름하는 이들의 역동적인 움직임을 동시에 취하고자 했다. 게다가 씨름하고 있는 사람들의 크기가 주변 구경꾼들에 비해 크게 묘사되어 주제를 부각시켰으며, 화면이 잘 짜여져 정적으로 보이는 것을 염려해 움직이는 방향을 남겨 오른쪽 하단부의 두 사람에게 변화를 준다. 그림을 감상하는 이들은 자연히 그 두 사람을 주목하게 되고, 이내 손이 뒤바뀐 것을 눈치챌 수도 있을 터이다. 그럼에도 감상자의 시선이 머무는 그곳에서 그는 과감히 두 손을 바꾼 것이다. 그는 깜짝 놀라 뒤로 나자빠진 사람들을 통해 씨름판이 아주 역동적임을 강조하였으며, 두 손을 바꾸어 그림으로써 감상자의 입장에서 손을 뒤로 내짚는 순간적인 느낌을 실현시켰다. 그에게 중요한 것은 '역동성'이며, '깜짝 놀람'이었다. 엄지와 전체 손을 함께 보여 땅을 짚는 느낌을 포기할 수 없었던 그는 급기야 양손을 바꿔버린 것이다.

또한 그림의 크기는 딱 A4 용지만 한데, 그 속에 22명의 인물이 등장한다. 우측 상단에 평민 대표선수들, 좌측 상단에 양반

대표선수들을 배치함으로써 당시 조선사회가 계급이 존재하기는 했어도 열린사회였음을 보여준다. 양반과 평민이 함께 어울려 씨름을 하고 있는 모습 아닌가. 중앙에서 한창 씨름에 열중하는 이들을 보면 갓을 벗고 저고리를 벗어서 누가 양반이고 누가 평민인지 가늠하기 쉽지 않다. 다만 발목 부분에 격식을 갖춘 대님이 있는지 없는지 정도로 짐작할 수 있을 뿐이다. 우측에 벗어놓은 신발을 보면 가죽 장식이 달린 비단신과 짚신이 이 둘의 신분을 알려주지만, 그들은 신을 벗고 함께 살을 맞대고 씨름 한판을 벌이는 중이다. 조선시대의 속살을 들여다보면 우리가 알고 있는 것과는 또 다른 면을 발견할 수 있는데, 이러한 현실을 투영시키는 역할을 김홍도라는 화가가 해주고 있는 것이다.

그는 있는 모습 그대로 보이는 대상의 외적인 모습보다는 그 상황, 혹은 사물의 진짜 모습을 그리려고 했다. 〈씨름도〉에서는 역동성을, 그리고 〈활쏘기〉에서는 활을 쏘는 방향을 바꾸어줌으로써 전체적인 구도를 완성시킨 것이다. 김홍도의 예술적인 기질은, 있는 그대로 드러내는 것을 넘어서 '자유로움'을 추구하고 있다. 그런 측면에서 조선 르네상스의 최고 거장 김홍도의 그림은 이탈리아 르네상스의 레오나르도 다 빈치와 비교된다. 사물을 세세히 관찰하여 그 대상의 외형을 그대로 옮기려는 레오나르도와는 전혀 다른 방식으로 그림을 그려낸 것이다.

미술의 역사에서 김홍도의 방식은, 오히려 서양 르네상스 이후보다 진전된 것이라 여겨지는, 현대미술의 방식을 취함으로써 우리에게 놀라움을 선사한다. 그렇다고 생생하다거나 사실적인 것과 거리가 먼 것도 아니다. 〈씨름도〉는 분명 씨름하는 이들과 구경꾼들의 역동성을 제공해주고 있다. 왕의 어진과 금강산을 진경으로 그렸던 김홍도를 떠올려 보면, 김홍도의 예술적 자율성은 기법과 사조를 넘어서는 것임을 짐작할 수 있다.

레오나르도 다 빈치가 자연 관찰을 통해 얻은 중요한 깨달음 중 하나는 '선(線)의 부재'이다. 그래서 그의 그림에서는 일체의 윤곽선을 찾을 수 없으며, 이를 스푸마토라는 특별한 기법으로 구현하려 했었다. 반면, 김홍도의 그림에서 선은 대상의 윤곽선을 넘어선다. 그에게 윤곽선은 사물을 한정함과 동시에 사물과 사물 사이의 상호작용을 보여주는 듯하다. 그래서 때로는 대상의 면(색)이 윤곽선을 자유롭게 넘나든다. 이러한 기법 역시 훗날 서양의 피카소 이후에서나 발견할 수 있는 새로운 시도였다. 왕의 어진을 그릴 때는 한치의 오차도 없이 그려낸 어진화사였던 그가, 풍속화를 통해서는 그 오차를 일부러 활용하여 외적인 모습 외에 자신의 눈앞에서 펼쳐지는 움직임을 그려내고 있는 것이다.

그가 그린 〈죽하맹호도〉와 〈송하맹호도〉에서 호랑이는 윤곽선이 없다. 이 털로 뒤덮인 호랑이의 생생한 묘사를 위해 수천 번,

수만 번 미세한 붓질로 털 한 올 한 올을 완성해낸 것이다. 역설적이게도 이 그림의 완성은 선이었던 것이다. 살아 숨 쉬는 듯한 이 맹호를 마주한 정조는 아마 그 생생함에 적잖이 당황했을 것이다. 레오나르도 다 빈치가 색과 면을 잘게 쪼개어 화면에서의 생생한 입체감을 구현했다면, 김홍도는 색과 면이 압축되어 선으로 보여지는 것을 이해하고 적극 활용한 것으로 이해하면 지나친 비약일까. 그는 대상의 외형 못지않은 대상의 내면, 정신세계, 동세 등을 그려내는 일에도 역량을 다하고 있는 것이다. 조선 미술이 화원들에게 반드시 구현해야 할 덕목으로 형사(形似)와 신사(神似)를 꼽고 있었던 사실은 김홍도의 그림 방식에 그대로 적용된다. 형사라 하여 그리고자 하는 대상의 외형을 똑같이 그려내야 하며, 신사라 하여 그 대상이 지니고 있는 내적 이미지와 정신세계 또한 그림 속에 담아야 한다는 방식인 것이다.

그림의 주제의식을 따라 그림을 읽고 난 후에서야 발견되는 놀라운 사실은, 김홍도의 그림에서는 배경이 과감히 생략되어 있다는 점이다. 이 배경은 그의 후배이자 제자인 신윤복과 비교되는 것이기도 하지만, 여기서는 레오나르도 다 빈치의 〈모나리자〉와 비교해 보려고 한다.

공간 속에 부피와 질량으로 공간을 점유하고 있는 인물화에서 배경이 없으면 인물 자체가 주는 사실성이 사라진다. 그러므로 레

죽하맹호도(竹下猛虎圖)(좌), 송하맹호도(松下猛虎圖)(우)

김홍도, 리움미술관

오나르도 다 빈치는 〈모나리자〉에 배경을 그려 넣었다. 그런데 문
제는 당시 풍경화에 대한 요구가 없었으므로 굳이 야외에 가서 모

델을 앉혀 놓고 그릴 필요가 없었던 것이다. 그래서 실내에 그녀를 앉혀두고 배경을 포토샵하듯이 합성하는 방식의 그림을 그렸던 것이다. 그녀의 뺨 깊이가 선으로 보여도 실제로는 선이 아니니까 선 대신에 색면을 고집했던 사실적이고 객관적인 그가 배경에서 만큼은 많이 양보한 모습이다. 그러니 그의 그림에서 배경과 인물이 이질적인 느낌이 드는 것은 당연한 일이다. 그래서인지는 몰라도 배경에 대한 여러 가지 설들이 분분한 것도 재미있다. 이런 스튜디오 그림은 인상주의가 등장하기 전까지 오랜 기간 지속된다.

반면 김홍도의 그림에서는 야외에서 그렸음에도 야외의 공간에서 화가가 관찰하고 있는 주제에만 포커스가 맞춰져 있다. 마치 카메라의 아웃포커스를 통해 초점이 맞는 부분 외에는 흐려지듯이 심하게 아웃포커싱된 그림이다. 그런 측면에서 김홍도의 그림은 '사진' 같다. 그의 풍속화에 등장하는 인물들은 제각각 캐릭터화되어 누가 봐도 그 사람으로 사실성을 보장하고 있으며, 불필요한 배경의 모습을 없애버림으로써 주제에 직관적으로 접근하게 한다.

미켈란젤로 **VS** 신윤복

미켈란젤로

'선' 하면 빠지지 않는 이탈리아 르네상스의 위대한 예술가가
있다. 바로 미켈란젤로(1475~1564)이다. 그 역시 메디치가의 후
원으로 고대 그리스 조각뿐 아니라 인문, 성서에 대한 연구 기간
을 거쳤다. 1504년에 〈다비드〉 상을 완성하였고, 1508년에 시스
티나 대성당의 천장화인 〈천지창조〉를 의뢰받았다. 하지만 워낙
대작인데다 보수도 지불되지 않고 말썽이 끊이지 않아 미완성인
채로 도망가기도 했으나, 1512년 마침내 완성했다. 1534년에는
시스티나 성당의 안쪽 벽을 그려 달라는 의뢰를 받고, 6년 후인
1541년에 〈최후의 심판〉을 완성했다. 메디치가나 교황의 견제와
이용 속에서 고뇌한 그는, 사회의 부정부패에 대한 분개와 우울
함, 그리고 비판의식을 작품세계에 반영하였다.

〈다비드〉 상은 그리스 신상 못지않은 이상적인 육체 표현을
보여준다. 자세히 들여다보면 손등의 정맥까지 표현되었으며, 곱
슬거리는 머리카락도 한 덩어리로 표현되어 있다. 균형감을 잡기
위해 오른쪽 다리에 힘을 싣고 서 있는 다비드가 주는 멋진 '맛'을

다비드 상

미켈란젤로, 1501~1502년, 이탈리아 피렌체 갤러리 알았을 때, 미켈란젤로는 '천재'라는 소리를 들을 수 있었다. 바티칸 광장에 놓여지게 될 다윗 왕을 위해, 미켈란젤로는 당시 회화에서 유행하던 원근법을 역으로 이용해 조각에 실현시켰다. 조각상이 놓일 곳과 위치를 고려해 아래쪽 관람자에게서 가까운 부분은 작게 제작하고, 머리로 올라가면서 점점 비율을 크게 가져갔다. 그 결과, 발 아래서 바라보는 관람자에게 다비드 상은 완벽한 비례감을 보여준다.

발 아래가 아닌 정면에서 바라본 다윗 왕은 팔이 지나치게 길고 머리가 큰 우스꽝스러운 비례를 지닌 벗은 남자에 불과하지만 말이다. 특히 뒷모습을 보면 하체가 부실한 다윗 왕의 초라한 모습이 더욱 적나라하게 드러난다. 미켈란젤로의 탁월함이 빛을 발하는 순간이다. 사람들은 다행히도 이 작품을 발 아래에서 감상하며, 너무나 아름다운 인체의 비례를 발견하게 된다. 무엇보다 중요한 것은, 조각상을 바라보는 관람자의 눈높이를 고려했다는 점이다. 이는 관람자를 미술사에 끌어들인 첫 번째 시도라고도 할 수 있다. 레오나르도 다 빈치가 대상 자체에 주목하였다면, 미켈란젤로는 대상을 바라보는 감상자에 주목한 것이다.

다윗 왕은 기독교의 주인공인 예수의 혈통상 조상이다. 신의 조상인 다윗 왕이 골리앗을 만났을 때, 성경은 소년 다윗으로 묘사한다. 그러나 골리앗을 마주한 〈다비드〉 상의 다윗은 더 이상 소년이 아니다. 소년이 발가벗은 것과 어른이 벗은 것은 차원이 다르다. 이 작품을 제작하며, 다윗 왕의 아랫도리를 매만지고 있던 미켈란젤로를 상상하면 실소를 금할 길이 없다. 예수를 낳게 한 조상 다윗의 그 아랫도리를 미켈란젤로가 만지고 있다. 그런데 그것이 몸에 비해 덜 여문 것은 우연일까.

미켈란젤로의 또 다른 역작인 〈천지창조〉와 〈최후의 심판〉은 성 시스티나 성당의 천장과 내부 벽면의 벽화인데, 이 작품 속 등장인물들의 근육질 몸매는 그리스 조각상에서 영향을 받은 듯하다. 그중에서도 천장의 중앙에 있는 아담과 하나님의 만남은 예사롭지 않다. 성경은 말한다. "흙으로 사람을 빚어 그 코에 생기를 불어넣었다"라고. 그러나 미켈란젤로의 〈천지창조〉에서 하나님은 아담의 코에 생기를 불어넣지 못했다.

그리스 신화에나 나올 법한 육중한 근육을 지닌 아담은, 바람 타고 나타나신 하나님께 매우 불손한 자세를 취하고 있다. 하나님은 바람을 가르며 애타게 아담에게 생기를 불어넣어주기 위해, 아니 손끝으로 전하기 위해 안간힘을 쓰고 있는 중이며, 펄럭이는 그분의 망토에 매달려 있는 천사들은 심한 바람으로 인해 몸살을 앓고 있다. 교회의 천장에 그리는 그림인데 왜 성경의 내용과 다른 그림을 그렸을지 의문이 드는 장면이다. 뿐만 아니라 아담의 불손한 자세 탓에 적나라하게 드러난 그의 남성은, 그가 인류의 조상이라는 생각을 못하게 만들어버린다. 저 물건으로 인류를 퍼트렸을 수 있었겠나 싶다. 이브가 적잖이 실망했을 것 같다. 〈다비드〉의 그것과도 닮아 있는 것은 더 이상 우연이 아닌 것 같다.

미켈란젤로는 성 시스티나 성당의 천장화에서도 원근법을 역으로 이용해, 가장자리는 작게 그리고 돔의 중앙부분은 크게 처리해, 관람자로 하여금 마치 평면의 그림을 보는 듯한 착각을 불러일으키게 했다. 그가 위대한 예술가인 이유이기도 하다. 신을 위한 그림이나 조각이 아니라 인간, 즉 관람자를 위한 그림과 조각을 만들었던 것이다. 그와 더불어 생각해볼 수 있는 또 다른 위대성은, 다윗 왕과 아담의 치부를 드러냄으로써 기존 교회, 혹은 기독교에 대한 개인의 비판의식을 드러내 당시 기독교사회를 향한 예술가의 메시지를 남겼다는 점이다. 고대 그리스가 신의 나라였다면 로마가 인간의 나라였듯이, 미켈란젤로로 인하여 기독교는 인간이 중심이 되어 인간의 눈높이에서 새롭게 해석되어진 것이다. 서양의 역사에서는 르네상스를 '신 중심에서 인간 중심으로의 이행'으로 해석하는데, 이를 잘 보여주는 적절한 사례가 될 수 있을 것이다.

미켈란젤로가 그린 시스티나 성당의 그림에서 우리는 선(線)을 발견할 수 있다. 이는 레오나르도 다 빈치에게서 볼 수 없는 것이다. 레오나르도가 사실성에서 벗어난다고 판단하여 선을 그리지 않았다면, 미켈란젤로는 오히려 대상의 윤곽선을 그려 넣어 배

천지창조 中, 아담의 창조
시스티나 성당

경에서 대상이 튀어나올 것 같은 느낌을 표현했다. 이 선적인 그림은 마치 우리의 옛 그림의 선을 보는 듯하지만, 회화보다 조각이 우위에 있다고 생각하는 미켈란젤로에게 이 선은 사물을 공간에 별도로 놓아두려는 의도였을 것이다. 평면 속에서 사물이 3차원적인 공간을 점유하려면 평면의 배경과 분리되어야만 했던 것이다.

〈다비드〉 상과 시스티나 성당의 그림에서 그가 차용한 원근법의 역이용은, 관점을 바라보는 이로 옮긴 것에 무척 유용한 방법이지만, 당연히 원근법의 원리를 차용한 것에 지나지 않는다. 어찌되었든 이러한 역발상은 미켈란젤로 특유의 예술세계를 규정지

어주는 것임에는 분명하다. 그리고 이러한 역발상의 이면에는 르네상스를 주도했던 세력에 대한 반감이 짙게 깔려 있음도 분명하다. 그들의 경제력에 이끌려 다녀야 하는 현실에서 도피하고자 했던 그의 일탈들은 우리에게 너무나도 잘 알려져 있다. 이로써 르네상스의 두 번째 거장도 르네상스라는 거대한 흐름 속에서 결코 행복하지 않았다는 점을 확인할 수 있다.

그렇다면 제작 의뢰자의 기호에 맞는 작품 제작을 해야만 했던 이탈리아의 예술가들과 조선 왕실의 어명에 따르는 도화서 화원의 삶은 같지 않을까. 사실 김홍도가 그린 그림들도 왕의 명에 따른 것이었으니, 이탈리아 르네상스 거장들이 느꼈던 비애를 우리의 거장들도 느끼지 않았을까. 예나 지금이나 예술가들은 춥고 배고픈 법이다.

그러나 시대정신으로 공감대가 형성된 사회라면 이야기가 달라진다. 서양에서 개인 초상화를 제작하는 일은 극히 드물어, 르네상스 이후 18세기경에 이르러 유행하기 시작했고, 풍경과 정물은 18세기 이전에는 전혀 찾아볼 수 없었다. 이에 반해 개인의 취향이 반영된 그림이 오래전부터 나타났던 우리 사회에서는, 문화적 감수성이 예술가들의 제작 활동에 보다 더 열린 구조로 작용하였을 테니, 예술가들의 행복지수가 조금은 더 높지 않았을까.

신윤복

 잘 알려진 신윤복(1758~?)의 〈미인도〉에는 다음과 같은 글귀가 있다. 盤薄胸中萬化春 筆端能物傳神(반박흉중만화춘 필단능물전신). 그 뜻풀이는 '가슴속에 서리고 서린 봄볕 같은 정/붓끝으로 어떻게 마음까지 전했을까'이다. 사랑하는 여인을 마주 대하고 그 아름다움을 그려낸 자신이 대견하고 자랑스러워 마음까지 담아냈다고 자화자찬을 하고 있는 것은, 분명 형사(形似)와 신사(神似)를 이룩한 것을 스스로 인정한다는 것이다.

 그랬던 신윤복이 역사에서 사라졌다. 그는 3대째 화원 가문이었던 신한평의 자손이었고, 도화서의 화원이었으며, 도화서에서 아마도 김홍도를 스승으로 모신 듯하다. 어떤 이들은 그가 기방의 모습을 비롯한 비속한 풍속을 그렸다는 이유로 도화서에서 쫓겨난 것이라 말한다. 그러나 당시의 시대가 그러했고, 특히나 왕이었던 정조가 요구한 그림이 바로 풍속화 아닌가. 따라서 그림 때문에 쫓겨났다는 것은, 그 시대정신을 생각하면 뭔가 이유가 부족하다. 신윤복은 우리에게 알려진 유명세만큼 많은 그림을 남기지는 않았다. 『혜원전신첩』에 있는 30점이 전부다. 그런데 이 작품들이 주는 강도는 30여 점을 훌쩍 뛰어넘는다.

 〈월하정인〉과 〈월야밀회〉에서 야심한 밤 몰래 만나는 연인의 모습과 그들을 몰래 미행하는 여인이 등장한다. 신윤복은 이

미인도

신윤복, 비단에 채색, 113.9 x 45.6 cm, 간송미술관

조선의 르네상스

그림 속 달을 하나는 초승달로, 하나는 보름달로 묘사했으며, 이 달들은 담장에까지 내려와 있다. 이것은 신윤복이 김홍도와 같은 방식으로 주제의식 강한 그림을 그렸지만, 한편으로는 주변 상황을 하나의 무대장치처럼 사용하고 있음을 보여준다. 그래서 그의 그림에서 배경이 주는 의미는 남다르다. 이 배경은 미켈란젤로가 대상 외에 관찰자의 시선을 의식하고 그림을 그리고 조각을 했던 것과 같은 방식이다.

신윤복의 그림을 보고 있자면, 마치 그 상황 속에 우리가 함께 있는 것 같은 착각을 불러일으킨다. 그에게 배경은 하나의 프레임이 되어 감상자를 그 프레임 안으로 불러들인다. 이 프레임은 감상자에게 적당한 거리를 두어 안심하게 하는 역할을 함과 동시에, 생생한 현장의 목격자로서의 역할을 부여한다. 묘한 관음적 감상을 가능케 함으로써 더욱 은밀하고 야릇한 상황 속으로 감상자를 밀어붙인다. 그는 개인의 정서적 경험 속에서 공감하며, 철저히 개인적인 사실성을 제공해주고 있는 것이다.

이와 같은 이유들이 신윤복을 조선의 화단에서 이단아로 만들었으며, 쫓겨난 화가로 만들었는지도 모르겠다. 최근, 일본의 우끼요에(浮世繪) 화풍의 창시자인 '도슈샤이 샤라쿠(東洲齊寫樂)'가 돌연 출현하여 활동하다 사라진 시기와 조선에서 신윤복이 사라진 시기, 김홍도가 부산포를 거쳐 대마도로 건너간 시기 등이 맞물려

월하정인(月下情人)

신윤복, 간송미술관

월야밀회(月夜密會)

신윤복, 간송미술관

말들이 많다. 물론 역사적으로 검증된 것은 없지만, 당시의 여러 상황들을 감안하면, 최근 일고 있는 소설 같은 이야기가 터무니 없지만은 않은 것 같다. 도화서가 아니더라도 풍속화든 춘화든, 당시 조선에서 신윤복 같은 화원이 살아감에 큰 문제는 없었을 터였지만, 그는 어디로 갔는가. 이미 당대의 거장으로 알려진 김홍도가 일본으로 갔다면, 일본에서 김홍도를 알아보는 이들도 많았을 터, 김홍도를 대신해 신윤복이 움직인 것은 아닐까.

당시 조선의 조정에서 일본의 정세에 민감해 하며 주시하고 있었음을 감안하면, 카메라 대신 종이와 붓으로 일본의 상선과 군함, 군사시설 등을 기록해오는 일을 맡겼을 수도 있다는 생각이 터무니없는 것은 아니다. 역사에 기록되지 않았고, 기록할 수 없었던 정조의 비밀첩보원 신윤복! 요즘 국정원 직원들도 조국을 위해 이름 없이 살다 가는 것을 강조하고 있다니, 그럴 법한 상상이지 않은가.

더군다나 서양미술의 인상주의가 일본의 우끼요에의 영향을 받았다는 것을 감안하면, 인상주의에 영향을 끼친 '자포니즘'을 '조서니즘'으로 수정해야 한다는 주장도 가능한 것이니 무척 구미당기는 일이다. 얼마전 일본의 도쿄박물관에서 발견된 그림 〈송응도〉에 '조선국 사능씨김주사(土能氏金洲寫)'라는 글귀는 시사하는 바가 크다. '사능'은 김홍도의 별칭이기 때문이다. 또한 인상주의

자들이 우끼요에의 파격적인 화면구도, 즉 프레임에 매료된 사실
은 누구나 다 아는 바인데, 이 프레임은 신윤복의 화면 구성과 다
르지 않다. 김홍도, 신윤복, 김홍도, 신윤복…. 멈출 수 없는 상상
력이 나래를 펼친다.

라파엘로

이탈리아 전성기 르네상스의 가장 중요한 인물 중 한 명은 사실 라파엘로(1483~1520)이다. 그는 르네상스의 모든 혜택을 한 몸에 받았고, 이후 르네상스라는 문화예술운동을 규정짓게 하는 역할을 한 인물이다. 그는 우르비노 공작의 궁정화가 조반니 산치오의 아들로 태어났다. 당시로서는 '엄친아'였던 셈이다. 대개의 엄친아들이 그렇듯이, 재능·외모·집안을 모두 다 타고난 라파엘로는 이탈리아 화단에서 쉽게 눈에 띄었으며, 승승장구할 수 있었다. 1500년경에 젊은 라파엘로는 페루자의 피에트로 페루지노의 공방에서 도제 수업을 받았다. 17세 때부터 개인적인 제작 의뢰가 뒤를 이을 정도로 페루자에서 이미 유명인이 된 라파엘로의 다음 목표는, 레오나르도 다 빈치와 미켈란젤로가 활약하던 피렌체였다.

라파엘로는 피렌체에 4년간 머물면서, 미켈란젤로의 작품을 통해 인체 해부학과 표현 기법을 배웠고, 레오나르도 다 빈치로부터는 그 유명한 스푸마토 기법을 익혔다. 두 선배 거장의 장점을 모아 라파엘로만의 화풍으로 만들어낸 것은 그의 영민함을 확인할 수 있는 좋은 지표이다. 그는 어린나이임에도 불구하고 어떻게 하는 것이 화가로서 성공할 수 있는 방법인지를 너무 잘 알았던 것이다. 두 선배는 타고난 천재성에도 불구하고 세상에 끌려 다니거나 불평을 늘어놓음으로써 제대로 된 예술활동을 펼치지 못한 불행한 삶을 살아야 했지만, 그는 달랐다. 요즘 유행하는 융합의 모범답안을 제시한 것이다. 유행에 따르면서도 그들이 원하는 고귀한 취미를 고스란히 반영시킨 라파엘로의 그림에 르네상스 지도층은 열광했다. 불평 많고 게으른 레오나르도 다 빈치나, 고집불통인 미켈란젤로를 대하는 것보다 훨씬 융통성 있고 사교성 있는 탓일 게다.

라파엘로보다 8살 많은 미켈란젤로가 시스티나 성당의 〈천지창조〉를 그리고 있을 때, 맞은편 방에서는 라파엘로가 〈아테네 학당〉을 그리고 있었다. 사실 둘 사이가 그리 좋지 않았다는 항간의 이야기도 헛말은 아닐 것이다. 은근 피해의식이 컸던 미켈란젤로에게 라파엘로의 등장은 시기의 대상이 되기도 했을 터이다. 회화보다 조각의 견지에서 작품활동을 펼치던 미켈란젤로는, 그림을 그리지 않으려 도망쳤다 붙들려 와서 억지로 그리고 있으니, 한참 어린 라파엘로와 같은 공간에 그것도 '회화'를 두고 경쟁하듯 놓여 있게 된 처지가 만족스러웠을 리 없다.

그러나 라파엘로의 영민함은 두 선배 거장을 자연스레 인정하는 데서 출발한다. 그가 그린 〈아테네 학당〉에서 중앙에 붉은 옷을 입은 플라톤은 레오나르도 다 빈치를 모델로 한 것이며, 아리스토텔레스는 미켈란젤로를 모델로 했다. '이상세계와 현실세계를 명확히 구분하면서 미술이 해야 할 일은 객관적인 현실의 세계를 정확하게 반영해야 한다'는 플라톤의 철학은, 당시의 기독교 신학에도 그대로 반영된다. 또한 레오나르도 다 빈치가 추구했던, 예술세계에서의 객관적 사실의 관찰과 묘사에도 반영된 부분이다. 반면, 미켈란젤로를 모델로 한 아리스토텔레스 철학은 이를 반대로 해석하고 있다. 아리스토텔레스에 따르면, 이상세계를 반영하는 그림자가 현실세계의 객관화된 사물이다. 그러므로 이 객관적 사물에서 이상세계의 이미지를 발견할 수도 있으니, 객관적 사물을 똑같이 묘사하려는 것보다는 그 모습이 조금은 왜곡되고 뒤틀려도 그 이면의 이상세계, 즉 내면의 세계를 포착하라는 것이다. 그래서 미켈란젤로의 작품 〈다비드〉 상이 성인이며 하체가 부실하고, 〈천지창조〉의 아담과 하나님은 불편한 관계에 놓여 있게 된 것이다.

레오나르도 다 빈치의 명암과 색의 사용 기법과 미켈란젤로의 인체 묘사와 선의 사용을 통한 입체감을 라파엘로는 완벽하게 이해하고 있었다. 그러한 이해는 르네상스가 추구했던 그리스 고

아테네 학당

라파엘로, 16세기, 바티칸궁 서명의 방

아테네 학당 부분
(플라톤과 아리스토텔레스)

아테네 학당 부분
(검정 모자를 쓴 라파엘로)

전기의 인문학에 대한 열망도 반영되어 있으므로, 당대의 사회지
도층들이 추구하던 바로 그 그림의 전형이 된 것이다. 〈아테네 학
당〉에 등장하는 수많은 인문학자들의 자세나 생김새 하나 하나는
그의 지식의 산물이 되었고, 50여 명의 고전 인문학자들의 지식
에 대한 표현이기도 하다. 그는 그림의 오른편에 슬쩍 자신의 모
습도 넣어둠으로써 이 천재들의 향연에 동참하고 있다. 물론 정중
앙 가장 중요한 곳에 레오나르도 다 빈치와 미켈란젤로가 위치하
고 있으나, 그들은 플라톤과 아리스토텔레스의 대역이었고, 라파
엘로는 그들 속에 그 자신 스스로가 동참하고 있는 것이다. 그는
화면 밖 관람자들을 보란 듯이 응시하고 있다(오른쪽 맨 앞쪽의 기
둥 옆). 그는 화면 속 인물 중에서 유일하게 화면 밖을 인지하고 있
는 사람이기도 하다.

　이 건방지고 자신감 넘치는 젊은 예술가 라파엘로는 그러나
37세라는 젊은 나이에 생을 마감한다. 하지만 짧은 생에도 불구하
고 '교황의 화가'라는 칭호를 이미 얻었으므로 국가적인 장례식을
거행했다. 라파엘로가 이룬 이 화풍은 독자적이지는 않지만, 당
시 르네상스를 주도했던 세력의 취미가 그대로 반영되어 있으므
로 선풍적인 인기를 구가했다. 게다가 라파엘로가 만든 융합의 화
풍, 변증법적인 정반합의 화풍은 그대로 르네상스 아카데미의 전
형이 되었다. 이탈리아 르네상스를 라파엘로의 르네상스라고 해

도 무방할 정도이다.

하지만 이러한 특정 화풍의 고정은 라파엘로 사후, 이탈리아 르네상스를 매너리즘에 빠지게 만들었으며, 그 주도권을 북유럽으로 넘기는 원인이 되기도 했다. 특히 개신교 세력에서 라파엘로 화풍은 가톨릭을 상징하는 그림으로 분류되어 19세기에는 라파엘로 이전으로 되돌아가자는 취지의 '라파엘전파'라는 미술운동이 펼쳐지기도 했다. 그래서인지 이탈리아 르네상스를 떠올리면 레오나르도 다 빈치나 미켈란젤로는 누구나 쉽게 떠올리지만 라파엘로는 그렇지 않다. 이탈리아 르네상스에서 분명 라파엘로는 중심에 있었지만, 그 역사에서 외면당한 대중들에게는 인지상정인지 라파엘로보다는 레오나르도 다 빈치와 미켈란젤로의 불행에더 마음이 가는 모양이다.

어쨌든 라파엘로의 화풍은 융합이며, 변증적인 종합의 결과이며, 그리스 고전기의 인문학적 배경을 두고 있다고 정리할 수있겠다. 이는 조선 성리학의 정신 하에 전개된 조선 르네상스의흐름과 유사한 측면이 있긴 하다. 그러나 이러한 시도가 라파엘로한 사람뿐이었다는 점, 그럼에도 불구하고 전략적으로 이탈리아르네상스의 전형이 된 점, 그리고 라파엘로가 이러한 융합과 종합의 과정을 방법적으로만 이용한 점, 또 당시 대중의 관점이 아니라 사회지도층 일부를 위한 미술이었다는 점에서 조선 르네상스가 전개된 과정과는 큰 차이를 보인다.

장승업

라파엘로가 당시 사회지도층의 구미에 맞는 그림을 그려 르
네상스를 대표하는 화가로 발돋움했다면, 장승업(1847~?)은 당시
조선사회의 대중성을 고스란히 드러내어주는 중인들의 열광적인
지지를 받았던 인물이었다. 또한 라파엘로가 '엄친아'였다면, 장승
업은 그와 정반대의 신분이었고 말 그대로 '일자무식'이어서 그의
그림의 화제는 대부분 남이 대신 써주었다고 한다.

장승업의 오원(吾園)이라는 호는, 조선 르네상스의 선배 화가
단원(檀園) 김홍도와 혜원(蕙園) 신윤복처럼 '나도 원(園)'이라는 뜻
이다. 이것은 라파엘로가 선배 화가들을 계승하면서도 독자적인
화풍을 찾은 것과 같은 맥락으로, 장승업도 그 이름값을 하는 화
가라는 자존감에서 비롯된 명칭이다.

장승업은 추사 김정희의 제자였던 역관 이상적의 사위 이응
헌(李應憲)의 집에 기거하면서 집안의 잡심부름을 하며 살았다. 이
응헌은 청나라를 왕래하던 역관으로 상당한 재력가여서 중국의 서
화를 많이 소장하고 있었으며, 그 덕분에 장승업은 자연스레 그림

보는 안목을 갖게 되었다. 그러다 우연히 이응헌은 장승업이 그림에 남다른 재주가 있음을 발견하게 되었고, 그에게 그림에 전념하도록 후원자 역할을 한다. 이것은 이탈리아 르네상스의 후원 제도와는 전혀 다른 것이다. 이탈리아 르네상스에서 후원자의 지원은 재정적인 지원임과 동시에 계약관계가 성립되어, 후원자를 위한 그림을 그려주는 납품자가 되는 것이었다. 이에 비해 조선의 후원자는, 비록 중인 신분이지만 선비의 덕목에 따라 사회지도층의 역할을 하는 것이 마땅하다고 생각하는, 부유한 조선 중인의 '노블레스 오블레주'였던 것이다.

장승업은 조선왕조 말기 국운이 기울었을 무렵 활동했던 작가였지만, 그림에서만큼은 남 못지않은 후원을 받았던 예술가였다. 미천한 신분과 일자무식은 그의 예술적인 재능을 덮어버리지 못했다. 오히려 전문 화가로서 더욱 인정받아, 이응헌이 이제 호를 가져야 되지 않겠냐고 했을 때, 김홍도와 신윤복을 이어 '원'자 돌림을 자처한 것이다. 미켈란젤로가 가졌던 패배주의적인 사고방식과 전혀 다른 장승업의 자신감의 원천은, 조선사회가 지닌 소통 구조가 있었기에 가능한 일일 것이다.

장승업은 산수, 인물, 영모, 화훼, 기명절지 등 소재를 불문하고 다방면에 걸쳐 재능을 발휘했다. 그렇다고 자신만의 특별한 화풍을 고집하지도 않았다. 북종 화풍의 선묘와 남종 화풍의 묵법을 동시에 구현하기도 했으며, 채색과 수묵, 그리고 진경과 선경을 넘나든다. 그의 작품은 꽤나 개방적이고 자유분방하지만, 어느 순간 조화와 균형을 이룬다. 섬세한가 하면 대범하며, 간결하면서도 힘이 넘친다. 그래서 후에 장승업 화풍이 전개되었을 때, 한국의 화단에서는 이를 두고 '국제적·세계적 양식'이라고 하기도 했다. 또 어떤 이들은 당시 조선이 중국 청나라의 영향 하에 있었으며, 이응헌의 집에서부터 중국의 서화에 매료되었으므로 중국 화풍이라고 하기도 하지만, 그의 삶만큼이나 장승업의 화풍을 규정짓기는 힘들다.

그의 명성은 날로 더해져 정6품 관직을 제수받고, 궐에서 그림을 그리기도 했다. 그가 원했던 대로 단원, 혜원이 거쳐 간 왕실의 화원이 된 것이다. 그러나 술에 취해야 그림을 그리고, 여자를 좋아하는 자유분방한 성격은, 격식에 얽매인 궐생활과는 맞지 않았다. 참고로 미켈란젤로도 시스티나 성당의 벽화를 그리던 중 도주했었고, 라파엘로는 여성과의 지나친 애정행각이 사망의 원인이라는 설도 있다. 미켈란젤로는 예술가의 자유가 구속되는 상황이 싫어 도망쳤으나 결국 그들에게 이끌리는 삶을 살아야 했으며, 때문에 비판의식이 강했고 스스로 불행했었다.

라파엘로는 타고난 가문과 기질로 그들이 원하는 삶을 살아 예술가로서 꽃을 피웠다. 라파엘로의 그림은 당시 사회지도층이 그토록 원했던 그리스 고전기의 의식을 그대로 반영했으므로, 그들의 화가가 되기에는 부족함이 없었을 것이었다. 그러나 르네상스의 3대 화가라는 명성에 비해 현대를 살아가는 우리들에게 조금은 거리감이 있는 것도 사실이다. 연애를 즐겼다는 점에서 라파엘로와 장승업은 비슷한 면이 있는지도 모르겠다. 그러나 굳이 비슷한 점을 예술세계에서 찾으라면, 장승업도 그들이 원하는 그림을 그렸다는 점이다. 여기서 그들이란 라파엘로에게는 교황과 권력자들이고, 장승업에게는 바로 대중을 상징하는 중인들이다.

이탈리아의 그들이 그리스 고전기로의 회귀를 강렬히 원했던 것만큼, 조선의 중인들도 왕실과 고급 관료, 양반들이 즐겼던 문인의 문화예술에 대한 막연한 동경이 있었다. 그런 그들의 취향에 장승업의 그림은 꼭 맞아 떨어졌던 것이다. 일자무식 장승업의 그림은 너무나 역설적이게도 중국 화풍을 능가하며, 겸재 정선, 단원 김홍도, 혜원 신윤복을 모두 합친 것과 같았다. 그의 그림이 지닌 기교는 한낱 기교를 넘어서는 세련됨과 신선함으로 다가오기에, 모두들 장승업의 그림에 열광한 것이다.

한편 궐생활이 맞지 않은 장승업은 세 번이나 궐을 이탈하여 고종의 노여움을 사 감옥에 갇히지만, 역시나 그의 재능은 사회적 보호로 이어졌다. 충정공(忠正公) 민영환(閔泳煥)의 진언으로 풀려난 것이다. 비록 국가적으로 쇠락의 길을 가고 있었지만, 문화예술을 대하는 조선사회의 또 다른 이면을 볼 수 있는 대목이다. 장승업은 비단 중인들에게만 인기 있는 것은 아니었다. 19세기 조선의 신흥 부유층인 중인 계급을 비롯해, 한성부 판윤이었던 변원규, 흥선대원군 이하응, 민영익, 오세창, 오경연 등 범 대중적인 후원을 받았던 것이다.

그에게는 관직과 명성도 구속이었다. 다만 그를 알아주는 이들과 술, 그리고 남성의 욕망을 풀어줄 여인만 있으면 족했다. 그것이 그가 그림을 그릴 수 있는 원천이며 이유이기도 했던 것이다. 1897년 무렵, 장승업이 사라졌다. 그가 어디서 어떻게 생을 마감했는지 아는 이가 없다. 이것도 김홍도와 신윤복의 미스터리한 말년과 닮았다. 그렇게 그는 조선의 3원이 되었던 것이다.

비록 자신은 자취도 남기지 않고 사라졌지만, 그는 우리나라 근대 화단의 두 거목인 조석진(1853~1920)과 안중식(1861~1919)이라는 제자를 남겨주었다. 이후 일제의 민족문화 말살정책만 아니었어도 오원 장승업 화풍과 기록이 지금 같지는 않을 터, 아쉬움이 남는 것은 어쩔 수가 없다.

라파엘로가 융합과 종합을 통한 화풍을 만들었다면, 장승업도 이에 못지않다. 비록 장승업은 라파엘로가 그리스 고전기의 철학들을 섭렵했던 것처럼 지적이지 못했지만, 그럼에도 불구하고 그의 작품 속에는 객관성과 주관성이 자유롭게 넘나든다. 그

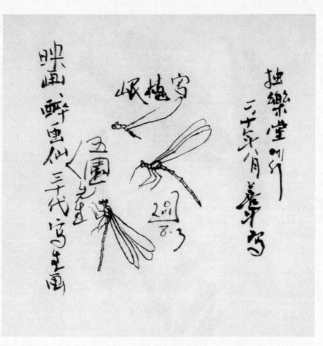

잠자리 습작
장승업

것은 사물에 대한 정확한 관찰력과 묘사 능력이 수반되어 가능한
일이다.

　　장승업의 습작 중 잠자리의 날개짓은 마치 레오나르도 다 빈
치의 스케치북 어딘가의 그림과 같다. 그가 일필휘지로 과감히 그
린 화초에 앉은 조그마한 벌레를 확대해 보면, 벌레의 날개 속 무
늬들이 생생하게 살아나는 섬세함을 발견하게 된다. 무척 당황스

초충(草蟲)

장승업

러운 그림이다. 그가 그린 〈소운〉은 어떤가. 소운은 이응헌의 딸이며, 장승업의 첫사랑이기도 하다. 그녀의 초상화는 이제껏 봐왔던 우리 옛 그림의 여인이 아니다. 너무나도 현대적인 감각을 지닌 이 종이 그림이 〈모나리자〉의 사실성보다 못한 부분이 어디 있단 말인가. 그가 그린 〈매화 병풍〉에서 고매의 자태는 화면 전체

소운
장승업

를 압도하며, 피어 있는 매화들은 화면 밖에까지 은은함을 더해준다. 매화나무 사이 사이의 원근감과 화면 구성은 사실성을 뛰어넘는다. 또 기생 매향에게 그려주었다는 〈붉은 매화〉는 어떠한가. '매일생불매향'이라는 화제와 함께 붉은 매화가 주는 상징성이란 두 사람, 혹은 매향의 삶을 상징하는 바로 그것이다. 〈춘남극노인〉에서 소나무는 유화인지 수채화인지, 우리 옛 그림인지 분간하기가 어려울 정도로 사실적이다.

오원 장승업이 수용하며 융합한 것은 옛것이지만, 또 동시에

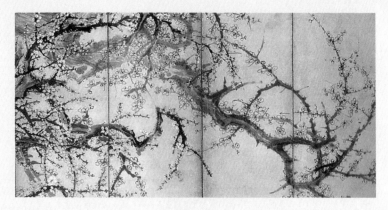

매화 병풍

장승업

붉은 매화(매일생불매향)

장승업

춘남극노인

장승업

새로움이다. 이 새로움은 마치 서구의 아방가르드 못지않은 역동
성을 부여하며, 매번 그릴 때마다 다른 방식의 그림으로 장승업의
예술세계를 매워 나간다. 사실 이러한 화풍은 장승업의 특별한 기
법이 아니라 그 정신의 계승으로서 이어져야 했다. 일제 이후 그
정신이 어떻게 어어졌는지 알 길이 없지만, 분명한 것은 당시 조
선사회가 개화와 서구문물의 수용, 사회 변혁의 격변기를 겪고 있
었다는 점이다. 이러한 시기에 장승업의 작품은, 잘 그린 그림이
거나 값어치 있는 그림을 넘어서는 '시대정신의 발현'이었다. 그러
므로 조선 르네상스는 시대의 요청과 대중적 취향, 사회 지도층의
배려를 통해 개화기까지 500여 년을 고고히 이어져 왔던 것이다.

조선 성리학이 중국의 성리학을 받아들여 조선만의 특별한
것으로 만들어서 사회 전체로 퍼트린 것과 마찬가지로, 그 이전의
역사에서 민족적 의식, 정신, 삶의 태도가 조선 성리학으로 수렴
된 것도 사실이다. 그리고 조선이 문을 닫는 시점에 오자, 이러한
정신의 뿌리는 일자무식 장승업의 작품세계와 같이 다양함, 융통
성, 역동성, 섬세함, 세련됨, 정제됨, 자유분방함, 조화 등으로 나
타나고 있었다. 이것은 이 시기의 개화파와 혁신을 주장하는 이들
에게 뿐만 아니라, 열강에 기대려는 사대주의자들과 쇄국을 주장
하는 이들에게서도 동일하게 보인다. 앞서 장승업을 후원했던 이
들이 비단 중인들뿐만 아니라 고관대작들도 있었다는 것을 밝힌

바 있다. 이것이 문화예술의 힘인 것이다. 이것이 이해관계를 떠
나 수렴되는 대중적인 취향이며, 시대정신이다. '교황의 화가'였던
라파엘로와 이탈리아 르네상스에 없는 문화예술 향유운동! 그것
이 바로 조선 르네상스이다.

조선 르네상스는 우리 문화와 역사의 자산이며 뿌리이다. 이 책의 시작에서 요즈음 유행하는 대중문화 현상 중 하나인 '한류'를 거론했었다. 한류의 힘과 원천은 어디에서 오는가. 고대 한국 사회의 문화적 자산을 거론하는 것은 너무나 거리가 멀다. 메소포타미아와 수메르 문명, 시베리아를 관통하는 아이언로드를 말하는 것은 전혀 현실감이 없다. 그러나 대한민국의 바로 앞 조선의 역사와 문화에서 그 뿌리를 발견하는 것은 의미 있는 일이다.

일제를 벗어난 지 꽤 오래 되었지만, 아직도 우리 민족의 특징이 '조용한 아침'의 나라에 한정 지어지는가. 조선이 유교적이며 전근대적인 나라였다는 오해는 어디에서 비롯된 것인가. 우리가 우리의 문화를 너무 모르는 것은 아닌지 반문하고 싶다. 사실, 우리 문화에 대한 기록은 일본의 도서관에 가면 더 많다. 우리의 문화재급 유물들도 일본에 더 많은 것을 어쩌겠는가. 일본이 우리의 것을 자신들의 국보로 지정하고 있는 것만 봐도, 우리 문화의 우수성은 증명되는 셈이다. 좋지 않은데 뭐 하러 굳이 가져가서 고이 모셔 두겠는가.

지금까지 우리나라의 지배층 내지는 주도층, 지식인들의 역할과 영향, 그리고 민중과 이를 모두 아우르는 대중이라는 사회구조 속에서 우리의 문화예술을 미술을 중심으로 한 조금은 색다른 시각으로 살펴봤다. 이제 한반도에 터 잡아 살았던 우리 민족의 정체성은, 우리가 익히 알고 있는 것과 사뭇 달랐다는 것을 알았을 것이다. 또 이러한 시각으로 보니 우리의 문화, 특히 조선의 문화 운동이 서양의 그 유명한 르네상스와 비교해서도 전혀 꿇리지 않았음에 격하게 동의할 수 있을 것이다. 대중문화의 형성이라는 점에서, 조선사회가 보여주었던 문화예술 향유운동은 가히 '대중적' 그 자체였다. 그 조선 르네상스가 21세기 한반도를 넘어 세계의 대중이 만드는 '문화예술 향유운동'으로 되살아난 것이다.